絶対！うまくなる

リコーダー

100 のコツ

yamaha music media corporation

絶対！うまくなる
リコーダー 100のコツ
INDEX

はじめに

　本当は秘密にしておきたいのですが、小学校の音楽の時間に習ったリコーダーには、実はあなたの知らないことがたくさん隠されています。

　リコーダーっていったいどこの国の楽器？　リコーダーってドイツ語、それとも英語？　いったいいつごろから吹かれていたの？　学校の笛？　オカリナの親戚？…次から次へ？？？？？？？と疑問が湧いきて…ほ～ら、知りたくなりませんか？

　小・中学校で苦手だったリコーダーをもう一度吹いてみようかなと思ったり、子どもの笛と思われているリコーダーが大好きなことをカミングアウトしようと思ったり、大学でバロック音楽研究会などに所属していてかなりオタクな愛好家であったりする、すべての皆さんにとって、よきパートナーにしていただけるよう、ぼくはこの本を書きました。

　中世ヨーロッパから、ルネサンス、バロック時代を経て、現在、リコーダーは世界の多くの人たちに親しまれています。

　シェイクスピアは、『ハムレット』の第3幕2場で「嘘をつくように簡単に吹ける笛」として意味深く登場させ、フェルメールや同時代の画家たちは寓意をもってリコーダーを描きました。長い歴史を持つリコーダーは、音楽だけでなく絵画、文学、舞踊など、さらに広い世界へと私たちを導いてくれます。

　どんなに多くの人々が、愛や祈り、喜びや悲しみを笛の音に託してきたことでしょう。「息」という文字が物語るように、言葉にならない「自」らの「心」の音を、笛を通して伝えてきたのだと思います。

　あるがままを、あるがままに表現できる笛…。このリコーダーにどんな秘密が隠されているか、さて、読んでのお楽しみです。

吉澤 実

序章

リコーダーについて

OOI リコーダーの魅力はどこにありますか？

長い歴史を持つ奥が深い楽器でありながらも、手軽に始められるところが魅力的といえましょう。

　リコーダーは、中世ヨーロッパに萌芽し、ルネサンス時代に多くの蕾^{つぼみ}を育み、バロック時代に花咲きました。それぞれの時代の文学や絵画、踊りなどと関わり合いながら、リコーダー作品が生み出され、現在では世界中で広く親しまれています。

　アンサンブルを楽しむことも、リコーダーの魅力の１つです。アンサンブルによって、多くの喜びが生まれることでしょう。

　リコーダーのためのアンサンブル曲は数多くあり、歌や他の楽器との組み合わせによって、さまざまな響きの融合を楽しむことができます。

　このようなリコーダーの魅力は…、

（１）発音が簡単なため、早期に完成度の高い音楽体験ができる。

（２）歌唱法と共通していることから、音楽表現法を学びやすい。

（３）管楽器奏法の基礎を短期間で習得できる。

（４）多種多様なアンサンブルへの展開が容易にできる。

（５）自然な呼吸を応用して演奏する楽器であるため、健康によい。

（６）児童から年配の方々までが演奏できる生涯学習楽器である。

（７）豊富な作品があるため、いろいろな年齢層の人々の知的好奇心や美的要求を満たすことができる。

とまとめることができます。

　リコーダーは身近で親しみがありますが、長い歴史を持つ古楽器であり、知れば知るほど奥が深い魅力あふれる楽器です。

002　リコーダーという名前は どこから来たのですか？

「記録する」、「小鳥のように歌う」を意味する record に由来するといわれています。

　リコーダー（Recorder）という名称は、「記録する」意味の record からできたと考えられています。そうです… 英語です。

　17〜18世紀に短い旋律を小鳥たちに教えることが特にイギリスで流行しました。『ビスマントヴァの教本』（1677年、イタリア・フェラーラ）には、鳥に歌を教える小さなリコーダーの絵と運指表が載せられ、『小鳥愛好家の楽しみ』（1717年、イギリス・ロンドン）には小鳥に教えるための44曲の小品とその方法が説かれています。古英語の to record には「小鳥のように歌う」という意味があるため、リコーダーは「小鳥のように歌う笛」ともいえましょう。

　モーツァルトは1784年に、彼の作曲した「ピアノ協奏曲K.453」の終楽章の主題を歌っていたムクドリをウィーンでみつけ、購入して可愛がっていました。小鳥は間違えて「ソ」を「ソ♯」で歌っていたと、モーツァルト自身が現金出納帳に記述しています。モーツァルトの遺した詩は2つしか現存していませんが、その1つがこの鳥が亡くなったときの追悼詩です。

W. A. モーツァルト「ピアノ協奏曲 K.453」より

小鳥が歌っていたフレーズ

リコーダーが活躍した時代はいつですか?

 **ルネサンス、バロック時代です。**

　リコーダーは、中世・ルネサンス時代にも広く親しまれていましたが、バロック時代には花形の楽器として活躍しました。バロック時代（17世紀から18世紀半ば）には、J. S. バッハやヴィヴァルディ、オトテール、ヘンデルなど、多くの作曲家がリコーダーのためにソナタや協奏曲を作曲しました。

　バッハの作品では、多くのカンタータにリコーダーが登場します。ブランデンブルク協奏曲の第2番と第4番にリコーダーが使われていることは、ご存知の方も多いでしょう。カンタータなどでは、「神」や「イエス・キリスト」が登場する箇所によくリコーダーが用いられています。リコーダーの透明でまっすぐな音色が、美しく、崇高で、限りなく優しいものとしてバッハの心を魅了したのでしょう。

　バロック時代には、単に「笛（フルート）」というと、リコーダーのことを指していました。それほど、リコーダーはバロック時代には花形の楽器だったのです。現在のフルートのような横吹きの笛は「フラウト・トラヴェルソ」と呼ばれていました。

004 歴史上、重要なリコーダー奏者は？

フランス・ブリュッヘンです。

　フランス・ブリュッヘンは1934年、オランダのアムステルダムに生まれたリコーダー奏者で、現在は指揮者として活躍しています。

　ブリュッヘンは、リコーダーのイメージをすっかり変えてしまいました。1960年代以降、「教育楽器」、「簡易楽器」としか思われていなかったリコーダーを、天才的で優れた演奏を通して、「芸術楽器」として再認識させてくれたのでした。彼の演奏するヴィヴァルディのリコーダー協奏曲を聴いた世界中の人は「リコーダーでこんなことができるのか？」と驚いたのです。

　しかし、ぼくはそんなことをまったく知らないまま大学生活を過ごしていました。大学3年のとき、オーディオルームで偶然ブリュッヘンの演奏するロバート・カーの「イタリア風グラウンドによるディヴィジョン」に出会い、涙溢れ、何度も繰り返し聴きました。それが、ブリュッヘンとの最初の出会いでした。

　彼は1970年代まで、レオンハルトやアーノンクール、クイケン兄弟らとともに古楽（バロック以前の音楽）の演奏法を切り拓きました。80年代に入ってからリコーダーの演奏を行っていませんが、現在はブリュッヘンから影響を受けた多くのリコーダー奏者が活躍しています。

005　リコーダーにはどんな種類が
ありますか？

**ソプラノ・アルト・テノール・バスなど、さまざまな大
きさのリコーダーがあります。**

　リコーダーにはさまざまな大きさのものがあります。ソプラノ・アル
ト・テノール・バスが基本的なセットで、この4本が揃うと多くのアン
サンブル曲を楽しむことができます。

　ソプラノより小さいものが"かわいいソプラノ"という意味のソプラ
ニーノです。さらに小さいものがガークライン・フレーテライン（とっ
ても小さな笛）といい、日本ではクライネ・ソプラニーノと呼ばれてい
ます。

　低い音のする大きな楽器もあり、バスより大きいものがグレートバス、
さらに大きいものがコントラバスといいます。16世紀にはコントラバ
スよりさらに大きなサブグレートバスもあり、最近になって再び作られ
るようになりました。さらに、コントラバスよりオクターヴ低いサブコ
ントラバスもドイツで製作されています。

　一方、日本ではソプラノ、アルト、テナー、バス、グレートバスと記
述され、リコーダーの名称にはイタリア語、ドイツ語、英語が混在して
います。イギリスでは、ディスカント（ソプラノ）、トレブル（アルト）、テ
ナー、ベース…と呼ばれ、ドイツやイタリアでは、ソプラノ、アルト、テノー
ル、バス…と呼ばれています。イギリスでアルトをトレブル（高音楽器）
と呼んでいるのはユーロに反してポンドを使っているイギリスらしさの
表れですが、外来語が混在していることは日本ならではの現象です。

006 時代による楽器の違いは ありますか?

 **ルネサンスとバロックでは、音色や音量、音域などが違います。**

　リコーダーは、楽器の大きさによる違い、材質(木製、樹脂製)による違い、運指(バロック式、ジャーマン式)による違いの他に、製作された時代による違いもあります。

　ルネサンスタイプのリコーダーは、ルネサンス時代(15〜16世紀)に製作・使用されたリコーダーで、全体が円筒形をしています。内径(楽器内部の直径)は足部に向かって太くなり、ジョイント(接続部分)がなくほとんどが一本の木で作られています。素朴で、温かく、おおらかな音がします。ただし、ガナッシタイプ(F. モーガンがS. ガナッシの用いたリコーダーを再現したモデル)以外の楽器は演奏可能な音域が狭く、2オクターブに達することはほとんどありません。音が他の楽器と溶け合いやすく、美しい純正和音をつくりやすいため、どちらかというとアンサンブル向きといえるでしょう。

　これに対してバロックタイプのリコーダーは、バロック時代に製作・使用されたリコーダーです。足部に向かって内径が絞られています。そのため、音域が2オクターブ強に広がります。低音域の音量は弱いのですが、様々な楽器の中でも明確に聴き取れる緻密な音色になりました。独奏楽器としての機能が強くなったといえましょう。

007　楽器を選ぶコツは？

 **木製リコーダーは詳しい人に相談しながら選びましょう。**

　リコーダーを始めようと思ったとき、まず樹脂リコーダーを手にする方が多いと思います。最近の樹脂リコーダーは大変優れた設計で、値段も安く品質が安定していて、メンテナンスも簡単です。

　ヤマハ製のアルトリコーダーであればYRA-302BⅢか、これに木目コーティングを施したYRA-312BⅢ、またはYRA-314BⅢをお勧めします。ソプラノリコーダーであれば、YRS-302BⅢか、これに木目コーティングを施したYRS-312BⅢ、またはYRS-314BⅢが初心者にも扱いやすいためお薦めです。

　とはいえ、木製リコーダーの独特のふくよかで豊かな音色は、樹脂リコーダーではなかなか出せません。メンテナンスに多少の手間がかかりますが、丁寧に手入れをすることによって楽器への愛着が出てきます。より演奏を楽しむには木製リコーダーを使うことも検討してみましょう。

　木製リコーダーは、堅い木で作られているものは堅い音が、柔らかい木のものは柔らかい音がします。吹いた感触や鳴り方、音程のバランスなど一本一本違っていて個性があります。最終的には、その楽器が好きか嫌いか、ということになりますが、習っている先生や、専門家に音を出してもらい一緒に選ぶのが最良です。

008 樹脂リコーダーと木製リコーダー では何が違うのですか?

 **樹脂リコーダーは取り扱いが簡単で求めやすく、 木製リコーダーは温かい音色が魅力です。**

　本来リコーダーは木製の楽器ですが、現在では樹脂リコーダーが販売されています。

　樹脂と木製の特徴を比べてみましょう。

【樹脂リコーダー】
- ○ 価格が手頃
- ○ 壊れにくい
- ○ 当たり外れがない
- ○ 中性洗剤で丸洗いができるなどメンテナンスが簡単
- △ ウィンドウェイ（気道）に水滴がついて詰まりやすい

【木製リコーダー】
- ○ 柔らかい木は柔らかい音、堅い木は堅い音がする
- ○ ぬくもりのある音色がする
- ○ 幅広い表現が可能
- △ 比較的高価
- △ ならし（P.26）が必要になるなど細やかなメンテナンスが必要

　樹脂リコーダーを吹いていると、徐々に木製リコーダーが欲しくなってきます。高価な木製リコーダーは何本も買い換えたりしないため、はじめからある程度よい楽器を購入することをお勧めします。

思い出の演奏会

映画『サウンド・オブ・ミュージック』のトラップ大佐一家が亡命前に逃げ込んだ教会…。このザルツブルク・サンクト・ペーター教会で開いたコンサートが、ヨーロッパでの初めてのコンサートだった。わくわくしながらリコーダーとフラウト・トラヴェルソを演奏した。ギター奏者、ラインハルト・ブランベックとのコンサートだった(1)。ぼくのフルートの師匠であるヘルムート・ツァンガレから彼を紹介された。気の合ったぼくたちは今後も演奏活動をしていこうと決めたが、1年後に彼は急性白血病で亡くなった。若き日に若き友を失った。ギターを見たり聴いたりするとき、彼のことを思い出す。音楽は消えていくからこそ、その実在を強く感じる。人の生命も同じなのかもしれない。彼はまだぼくの心の中で生き続けている…。

初めてのソロ・コンサートは、ぼくが住んでいたフロンブルク宮殿(2)のホールだった。この宮殿は映画の中ではトラップ大佐の家である。日本の現代曲を演奏した。日本にもこんなに素晴らしい曲があることを知ってほしいからだった(3)。

初めてのカンタータはブルクハウゼンという城壁の街の教会(4)。そして、初めてのミュージアムコンサートはドビュッシーの作品で、ツァンガレと師の奥様のハープ

(2) フロンブルク宮殿

(3) プログラム

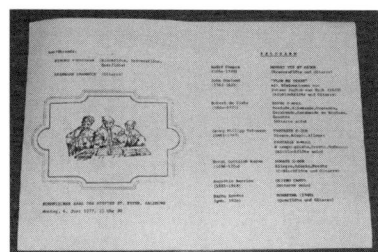

(4) 初めてのカンタータ

※キャプション(1)ラインハルトとぼく

と一緒に演奏した(5)。

　オーストリア放送局では作曲されたばかりの現代曲もフルートでよく録音した。思い出深い曲はシェーンベルクの『月に憑かれたピエロ』である(6)。この楽譜はウィーンからの貸し出し楽譜で、譜面の裏に「小出信也」と日本語が書かれていた。日本でもこの楽譜を使ったことを想像すると日本がとても懐かしく思えた。

　面白いことに、ヨーロッパでの初めての舞台は演奏では無くベルリンでのモダン舞踏だった。カール・オルフの80歳の記念式典においてレオタードにパンタロンを履いて踊った(7)。オルフインスティテュートに在籍していたため、舞踏と身体表現のトレーニングの日々だった。また、ザルツブルク音楽祭では、カラヤンの指揮によるオペラの舞台でも魔女役で踊った。これがオペラ初舞台となった。

　これらの経験は全てリコーダーの演奏にフィードバックされている。自分が経験した全てのことは、そこで精一杯演じる中で何かを感じさえすれば演奏のエレメントになっていくのである。

(5)ツァンガレ夫妻と

(6)「月に憑かれたピエロ」リハーサル
　　風景

(7)オルフインスティテュートにて

日本デビューコンサート

　日本デビューは、ぼくの故郷である静岡の「清水市文化会館」と東京の「東京カテドラル聖マリア大聖堂」だった。廣瀬量平さんに新作を委嘱したが、本番近くなっても音沙汰無く、結局、静岡では演奏できなかった。東京のコンサートでも演奏を諦めていたが、コンサートの開場時間になってから、「遅くなってごめんなさい…」と新作を持って走りながら氏が現れた。溢れる大粒の汗の中に悪いことをして叱られたときの少年のような小さな目が光っていた。

　カテドラルは天井が高く、長い残響のある大きな聖堂のため、演奏の立ち位置を決める必要性があり、会場の外でお客様に待っていただいてリハーサルを行った。今でも静岡と東京のお客様には申し訳なかったと心痛めている。何とか演奏でき、このとき以来、廣瀬さんととても親しくなった。

　彼はリコーダーの作品を作曲するたびに、できたばかりの新作をファックスでぼくに送ってくるようになった。ぼくは受話器の前でそれを演奏して響きを確認したり、演奏不可能な部分を教えたりして、それぞれの立場から思いを伝え合うようになった。1997年には一緒にザルツブルクを旅し、誠実で無邪気な人だと感じた。カテドラルのコンサート以来、偉大な作曲家も駆け出しの演奏家も音楽の下ではみな平等だと感じるようになった。つまり、芸術の下では人はみな迷える子羊なのである。

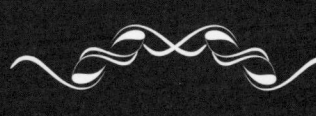

第 1 章

楽器の仕組みとメンテナンス

リコーダーの各部分の名称を教えてください

図を見て、楽器の仕組み、名称を覚えましょう。

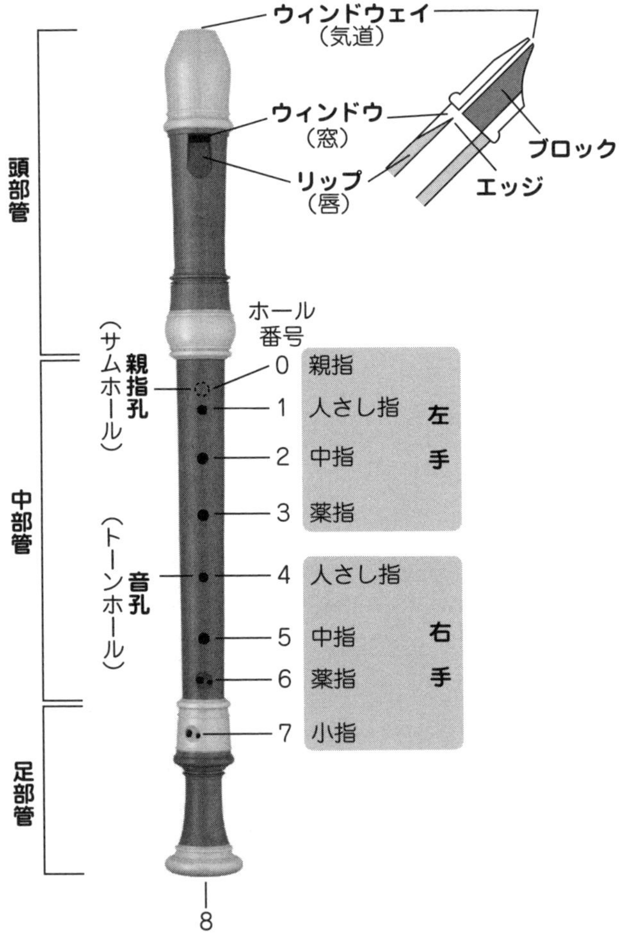

ウィンドウェイ
（気道）

ウィンドウ
（窓）

リップ
（唇）

ブロック

エッジ

頭部管

ホール
番号

（サムホール）
親指孔

	ホール番号		
	0	親指	
	1	人さし指	左
	2	中指	手
	3	薬指	

音孔
（トーンホール）

中部管

	4	人さし指	
	5	中指	右
	6	薬指	手
	7	小指	

足部管

8

OIO リコーダーのC管、F管とは 何ですか?

最低音の音名で、分類されています。
主なリコーダーはC管かF管につくられています。

　多くの種類があるリコーダーですが、大きく2つに分類することができます。音孔を全部閉じたときの音、つまり最低音がC音(ド)になるC管と、最低音がF音(ファ)になるF管です。その他、D管(最低音がレ)、G管(最低音がソ)があります。

　　　［C管］　ガークライン、ソプラノ、テノール、グレートバス、
　　　　　　　サブグレートバス
　　　［F管］　ソプラニーノ、アルト、バス、コントラバス、
　　　　　　　サブコントラバス
　　　［D管］　ヴォイス・フルート
　　　［G管］　G管アルト、G管バス

　パイプオルガンは"ストップ"によってレジスター(音域、音色)を組み合わせて、いろいろな音色をつくります。リコーダーオーケストラもパイプオルガンと同じようにレジスターを組み合わせることができます。
1)ガークライン+ソプラニーノ+ソプラノ+アルト［高音域レジスター］
2)ソプラノ+アルト+テノール+バス［中音域レジスター］
3)テノール+バス+グレートバス+コントラバス［低音域レジスター］
　［中音域レジスター］を中心に、［低音域レジスター］や［高音域レジスター］を組み合わせ、オクターヴを重ねて演奏することで、さまざまな音色や音量の変化を表現することができます。

OII リコーダーの「バロック式」、「ジャーマン式」とは何ですか？

どちらも20世紀に開発設計された楽器の運指法です。

　現代のリコーダーには「バロック式（イギリス式）」と「ジャーマン式（ドイツ式）」の2種類があります。これらは設計に基づく指づかいの違いから区別されます。これからリコーダーを楽しみたい方には、ぜひともバロック式の楽器を手にされることをお勧めします。

　浜松市楽器博物館などにあるルネサンスやバロック時代のオリジナル楽器は、バロック式、ジャーマン式のどちらの運指法とも異なっています。オリジナル楽器のレプリカが個人メーカーで作られていますが、これらの運指法は「オリジナル・フィンガリング」や「オールド・フィンガリング」と呼ばれています。

　バロック時代の運指法を合理化して、1919年頃にイギリスのアーノルド・ドルメッチがバロック式を、1932年頃にドイツのペーター・ハルランがジャーマン式を考案しました。そのため、バロック式〔B〕はイギリス式〔E〕、ジャーマン式〔G〕はドイツ式〔D〕とも呼ばれています。樹脂リコーダーにはサムホールの近くにBかE、または、GかDと表示があります。また、バロック式は4番より5番の音孔が大きいことでも判別できます。

なぜ「ジャーマン式」でなく「バロック式」を使ったほうがよいのですか？

 **リコーダーを深く楽しむにはバロック式が優れているからです。**

バロック式とジャーマン式を比較してみましょう。

【バロック式】
 △　ソプラノのファ（アルトのシ♭）の音の運指が音階順ではない。
 ○　♯や♭音の運指が簡単。
 ○　大きさの異なるリコーダーに運指を応用できる。

【ジャーマン式】
 ○　ソプラノのファ（アルトのシ♭）の音の運指が音階順である。
 ×　♯や♭音の運指が難しい。
 ×　大きさの異なるリコーダーに運指を応用できない。

　ソプラノ・リコーダーでハ長調やヘ長調の音域の狭い簡単な旋律を演奏する場合にはジャーマン式でもあまり問題ないのですが、より広い音域や派生音（♯や♭）のある楽曲では演奏が難しくなります。

　リコーダー教育の伝統あるイギリスでは、早期の段階においてト長調のテキストを使用することでバロック式をスムーズに導入しています。わが国ではヨナ抜き音階（ファとシの音を抜いた日本の音階）を使用することで、邦楽への興味と関心を促しながらの導入指導ができます。バロック式リコーダーの運指は、楽器の大きさが変わっても調が変わるだけで基本的に同じです。また、ソプラノ以外のリコーダーはほとんどバロック式のため、ソプラノをジャーマン式で覚えても、他の楽器に応用できません。

　小学校から生涯学習までの一貫性を考え、バロック式の使用をお勧めします。

O13 「モダンピッチ」、「バロックピッチ」 とは何ですか?

**「モダンピッチ」とは一般的に使用されているピッチ、
「バロックピッチ」とはそれより半音低いピッチのことです。**

　ピッチにはいくつか種類があります。

　「モダンピッチ」とは、現在一般的に使われているピッチのことです。A（ラ）の音を440Hz（ヘルツ）か442Hzに調律します。また、ピアノは、さらに高い445Hzに設定される場合もまれにあります。

　「バロックピッチ」とは、バロック時代のピッチという意味で、モダンピッチよりも半音低い415Hzのピッチを指します。もっともバロック時代には約全音低いヴェルサイユピッチ、半音高いヴェネツィアンピッチなどいろいろなピッチが使われていました。

　リコーダーには、モダンピッチでつくられている楽器とバロックピッチでつくられている楽器とがあります。楽器を購入する場合、まずはモダンピッチの楽器を選びましょう。なお、国内で生産されている樹脂リコーダーは全てモダンピッチです。

OI4 リコーダーを取り扱う際に 気を付けることはありますか？

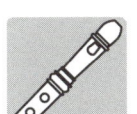

ジョイント部にグリスを付けましょう。
着脱は回転させながら。

　リコーダーは、頭部管・中部管・足部管の３つの部分に分かれており、これらを組み立てて使いますが、そのジョイント部にはグリスを塗ります。木製リコーダーに使うコルク用のグリスと、樹脂リコーダーに使うグリスとを区別することが大切です。それぞれは成分が違うため、一緒に使うとコルクが固くなってしまいます。

　着脱は回転させながら行います。このとき、常に同じ方向に回転させるようにするとよいでしょう。色々な方向に回転させると、コルクの消耗が早くなります。

　演奏し終わったとき、ジョイント部が抜けない場合、ジョイント部分をほんの少し折るように曲げて、つなぎの部分に空気を入れると簡単に抜けます。また、グリスをコルクと頭部管の内側に塗ることで着脱がスムーズになります。

　なお、テノールやバスなどキーの付いている楽器は、キーの部分を持たないように気を付けましょう。

木製リコーダーの「ならし」について教えてください

ブロックが急激に膨張することを防ぐために、毎日少しずつ吹き始めます。

　購入したばかりの木製リコーダーは「ならし」（慣らし・鳴らし）が必要です。いきなり長い時間演奏すると、ブロック部分が急激に水分を吸収して膨張するために、楽器が変形し、極端な場合には割れることもあります。そこで毎日、少しずつ吹いて楽器を水分に慣らしたり、吹き鳴らしたりして、響きを楽器から引き出しています。強く吹き込まず、木魂のようなコーンとよく鳴る一点（スィートスポット）をみつけるようにして、みつかったらその響きを広げるようにして吹いていくとよいでしょう。

　はじめの1週間は、1日15分ぐらい、「ならし」ましょう。15分以内でも、ウィンドウェイが詰まってきたと感じたら、すぐに吹くのをやめて水分を取り除きましょう。

　徐々に、演奏時間を長くしていき、半年ぐらいを目途に一度メンテナンスに出すことをお勧めします。この頃になると、ブロックが膨張したまま元の形に戻らないことがあります。そこでブロックを削って調整（リヴォイシング）してもらいます。ヤマハをはじめとして、ほとんどのメーカーは購入後一定期間内にメンテナンスを無料で行うサービスをしています。（P.136）

　なお、「ならし」は、できればプロの指導者のもとで行うとよいでしょう。

016 木製リコーダーの「オイリング」 とは何ですか？

メンテナンスの一環として楽器の内側と外側にオイルを塗ります。

　木製リコーダーは、数ヵ月ごとにオイルを塗ることで、楽器をよい状態に保つことができます。これを「オイリング」といいます。

　オイリングは、オイルを楽器の内側と外側に塗ります。オイリングすることで材質が安定し、水分が染み込みにくくなり、楽器が割れるのを防ぐことができます。

　使用するオイルは、亜麻仁油（リンシードオイル）や、オリーブオイル、アーモンドオイルなどです。亜麻仁油は画材店で、オリーブオイルやアーモンドオイルは食材店で購入できます。亜麻仁油は皮膜をつくるため、最初の１回だけにして、後はアーモンドオイルなど、楽器の材質と相性のよいオイルを選びましょう。

　楽器が十分に乾いた状態のときに、内側と外側にオイルを塗ります。掃除棒の先にガーゼを巻いて、オイルを少量付け、ムラができないように掃除棒を回転させながら薄く塗りのばします。

　ただし、エッジやブロックにオイルが付かないように注意してください。また、オイルが染みこむまで演奏は控えましょう。

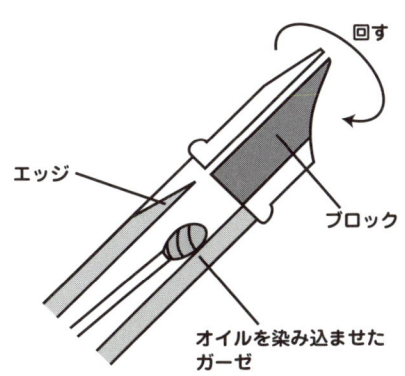

回す

エッジ

ブロック

オイルを染み込ませたガーゼ

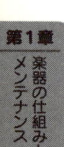

O17 リコーダーを吹く前の
準備について教えてください

 **清潔を保つことと、楽器の温度に気を付けましょう。**

　リコーダーを吹く前は、手をきれいに洗って、歯磨きとうがいをするように心がけましょう。食べ物のカスが口の中に残っていると、ウィンドウェイが詰まったりカビの原因になったりします。

　管を温めてから吹くことも大切です。特に気を付けなければならないのは冬です。冷たい楽器をいきなり吹くと、

　（1）ピッチが下がって他の楽器と合わない

　（2）楽器がよく鳴らない

　（3）ウィンドウェイが結露して音が詰まる

　（4）木製楽器の場合は木が割れてしまう

といったことが起こります。冬は暖房で室内が乾燥していることが多く、これも楽器が割れる原因になるため注意しましょう。

　手のひらなど身体を使って温めたり、カイロなどを間接的にあてて温めたりするとよいでしょう。電気アンカのようなリコーダーケースも作られています。

　夏は冬ほど神経質にならなくてもいいのですが、冷房に気を付け、クーラーの風で楽器を冷やさないようにし、梅雨どきはカビにも気を付け、なるべく乾燥させるようにしましょう。

018 吹き終わったあとの手入れについて教えてください

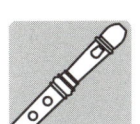

水分をよく拭き取りましょう。

　木製リコーダー、樹脂リコーダーのいずれの場合も掃除棒にガーゼを巻いて、中の水分を拭き取りましょう。

　木製リコーダーは、管の内側の水分を拭き取ったあと、楽器に染み込んだ水分をよく乾燥させてからケースに入れましょう。

　樹脂リコーダーは、台所用の中性洗剤で丸洗いができます。ときどき洗うことで、楽器が気持ちよさそうに鳴ってくれるような気がします。キーの付いた楽器は、キーを濡らさないように気を付けましょう。

　リコーダーを組み立てるときに、ジョイント部がコルクの場合はグリスを塗りますが、グリスは毎回拭き取る必要はありません。

ウィンドウェイが詰まったら、どうすればよいですか？

019

 **ウィンドウに軽く指をあて、息を強く吹き込みます。**

　吹いているうちにウィンドウェイが結露して音色が風邪ひき声のようになった場合は、ウィンドウ（窓）の上に指を一本軽く当て、強く息を吹き込んで、詰まった水滴を取り除いてください。指を軽く当てることで、音が出ることを防ぎ、結露した水滴の出口を作ります。

　指でエッジに直接触れると、水滴を吹きだす出口をふさいでしまうため効果がありません。演奏中に行う場合は、風音が聞こえないように注意しましょう。

　また、ほんの少し吸うことで、付着した水滴を崩して解消することもできます。

　楽器が冷えていると、結露しやすくなります。この点からも、温めて吹くことが肝心です。

　初心者のうちはタンギングがうまくできないために、水滴が詰まりやすいようです。慣れてくるとだんだん詰まりにくくなります。

ウィンドウの上に指を当て、強く
息を吹き込む

O2O リコーダーのメンテナンスは どうすればよいですか?

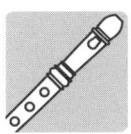

樹脂、木製で方法は異なります。
適切な方法で、定期的なメンテナンスを心がけましょう。

　樹脂リコーダーは、メンテナンスにさほどの手間はかかりません。ジョイント部にはグリスを塗り、汚れたら丸洗いしましょう。

　これに対して木製リコーダーは、メンテナンスに少し手間がかかります。ジョイント部のコルクが破れたら、新しいものに貼り替えましょう。コルクの代わりに、ワックスタイプの「デンタルフロス」や、水道管の接続部分に使う「シールテープ」を使うこともできます。これらはグリス不要で、巻き直して微調整することも簡単です。

　ジョイント部にコルクでなくワックスを染み込ませた糸が巻いてある場合、グリスは不要です。

　また、木製リコーダーは、数ヵ月に1回程度の目安で「オイリング」(P.27)をします。ブロックが膨張して浮き上がったままになった場合、ブロックを抜いて調整(リヴォイシング)が必要です。これは楽器店や専門店にメンテナンスに出しましょう。(P.136)

O21 手が不自由な人でも リコーダーを楽しめますか?

 **障がい者用リコーダーが開発されています。**

　障がいの種類に応じて音孔位置の変更など、対応が可能な場合もあるため、楽器の購入にあたっては、楽器店に相談するとよいでしょう。

　また、手の不自由な人のために開発されたリコーダーが各メーカーから販売されています。たとえば、ヤマハでは片手リコーダーを販売しています。これはどちらか片手だけで演奏できるリコーダーで、キーの技術を駆使して、通常のリコーダーとほぼ同じ演奏が可能です。ソプラノとアルトがあり、それぞれに右手用と左手用があります。頭部管は樹脂製で、中部管と足部管が一体になっているボディは木製です。

　通常の樹脂リコーダーと比べると高価ですが、学校や教育委員会の支援が受けられる場合もありますので、まずは学校へ問い合わせてみましょう。

YRS-900R
（右手用ソプラノ
片手リコーダー）

YRS-900L
（左手用ソプラノ
片手リコーダー）

YRA-900R
（右手用アルト
片手リコーダー）

YRA-900L
（左手用アルト
片手リコーダー）

なぜ学校でリコーダーを？

　リコーダーが小学校の音楽教材として使われ始めてから今年で65年になる。51年間という長い間、小学校では必修音楽教材だったため、大変多くの人たちが演奏経験のある楽器となった。

　平成元年（1989）には、ぼくが文部省に提案して「たて笛」の名称を「リコーダー」に改称していただいた。この年までリコーダーは文部省の学習指導要領では「簡易楽器」の項目に属していた。ぼくはザルツブルク・モーツァルテウム音楽大学で非常に難度の高い卒業試験を受けてリコーダーのソリストディプロマを授かり卒業したにも関わらず、帰国して大学の講座を依頼されたところ、「簡易楽器演習」という名の講座だった。リコーダーが簡易楽器とは…。ショックだった！　落ち込んだ。日本でぼくは簡易楽器で身を立てなければならないのかと…、そう思った。その後、平成10年（1998）よりリコーダーは必修教材ではなくなったが、学習指導要領の解説文では現在も推奨されている。

　ではなぜリコーダーが長期間学校の音楽の授業に使用されてきたのだろう？　その理由として、以下が挙げられる。

・リコーダーは吹けば音が出るため、他の吹奏楽器と比べ、早期に完成度の高い音楽体験をすることができる。

・楽器の支え方、呼吸法、タンギング、運指法の基本が短期間に習得できるため、後に他の管楽器へも展開できる。

・頭声発声のように歌をうたうときの身体の状態がそのまま応用でき、吹き込んで音を出すのではなく、自然な呼吸で演奏できるため、子どもから年配の方々まで演奏可能であり、最近では生涯学習楽器として注目されている。

・リコーダーの歴史は中世・ルネサンス・バロック・近代・現代と長く、協奏曲やソナタなどの高度な技術を必要とする作品から、カール・オルフの「子供のための音楽」まで豊富にあるため、幅広い年齢層の人々の知的好奇心や美的要求を満たすことができる。

　現在、学校では必修でなくなったため、「なぜリコーダーを使うのか」を知ることが必要となった。そのため、学校教育の場では、単に「教材」として考えていたリコーダーを芸術性の高い「楽器」として認識するようになってきた。嬉しく思う。

NHK 教育テレビ『ふえはうたう 』の名曲
「赤いやねの家」

　1989年度NHK教育テレビ「ふえはうたう」では毎回新しい曲を発表した。この年はリコーダーを演奏する際の基本である、「歌唱」とともに学べる番組内容を考えた。リコーダーで、「歌をうたうときのような」うたい方を学ぶためだ。

　ソプラノ・リコーダーを用いて、まず「シ」の音で「ポエム」、シとラでは、「またあそぼ」、ドシラソでは「ソラシド・マーチ」、ソラシドレでは「ソラシドレストラン」そして、それに低いファミレドの音を加えて『赤いやねの家』を作曲してもらった。低いドから高いレの音をつかう練習曲である。作詞は織田ゆり子さん、作曲は上柴はじめさんにお願いした。織田さんは湘南へ引っ越したため、そのときの印象を詩った。上柴さんは作曲に制約があるほど燃えるといって書いた。ぼくが持っている手書きの原譜には「作曲1989年9月24日」とある。旋律も歌詞も率直に心に響き胸が熱くなる作品ができた。まず歌をうたい、歌詞の内容をリコーダーの音に込めて表現することを「目標」とした。

　当時は文部省の仕事で各都道府県の指導主事ための講習を6年ほど行っていたため、毎年この曲を紹介した。視学官兼務の小原光一教科調査官も感動とともに一緒にうたった。小学校の「音楽教科書」や「歌集」にも載せていただいた。やがて全国の小学生がリコーダーで演奏し歌い出した。こうして、『赤いやねの家』はリコーダーの名曲となった。

NHK 教育テレビ『ふえはうたう』

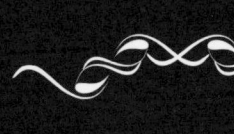

第2章

ドレミからはじめよう！

〜初級編

楽器の正しい構え方を教えてください

022

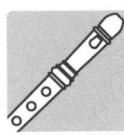

右手親指の位置を決めましょう。
「フィンガーレスト」の利用も効果的です。

　呼吸しやすい姿勢で、体全体を共鳴胴と考え、胸鎖関節から肩、ひじ、手首、指までで円を描くようにイメージして楽器を支えます。

　立って演奏する場合は、足を少し開き、ややつま先に体重をかけます。座って演奏する場合は、足が床に着くように椅子に浅く座ります。

　楽器は、下唇、左手の中指、右手の親指の3つの点でバランスよく支えます。特に右手の親指の位置に気を付けましょう。右手中指の後ろか少し上がよいでしょう。

　指の長さや形は十人十色のため、右手親指の位置はそれぞれ自分でみつけることが最良です。特に初心者は、右手親指の位置が上すぎる場合が多いため注意しましょう。

　「フィンガーレスト」というクラリネットやオーボエなどに付いている親指のフックを楽器に取り付けることも安定した支えにつながり、ぼくも利用しています。フィンガーレストは楽器店で購入できます。

どのような呼吸法で
吹いたらよいでしょうか？

O23

息を一定に出していくイメージをもちましょう。

　鼻でゆっくり息をすると、胸だけでなく背中の両側に息が入ることが分かります。通常は口から空気を吸って同じ場所に入れます。リコーダーで音を出すとき、初心者は吹き込みすぎてしまいがちですが、楽器からはねかえってくる圧力・抵抗感を感じながら、程よい量の安定した息づかいを心がけましょう。

　歌をうたうように支えのある呼吸法を目指しましょう。「歌に学べ」です。

　安定した息を出すためには、「ホイッスルトーン」の練習が効果的です。「ホイッスルトーン」とは、リコーダーの特殊な奏法の一つです（P.109）。音孔を全部開放して、息が出ているか出ていないか分らないほどの非常に微量の息をウィンドウェイに流します。すると、非常に小さくて高いホイッスル音が出ます。わずかでも息の量が多いと出ません。ぜひ試してみましょう。

024 チューニングとは何でしょうか？

楽器の音の高さ（ピッチ）を合わせることです。

　複数のリコーダーで演奏する場合、ピッチが合わないと∧∧∧といった「うなり」が生まれます。音の高さが近づくと〜〜〜と「うなり」はゆるやかになり、完全に合うと───とまっすぐになります。リコーダーは強く吹くとピッチが上がり、弱く吹くとピッチが下がるため、演奏しているときと同じ息圧でチューニングすることが大切です。

　チューニングはジョイントを調節してピッチを合わせます。ピッチが高い場合は頭部管のジョイントを抜いて管を少し長くし、ピッチが低い場合は頭部管のジョイントを入れて管を少し短くします。

　AとBの2本のリコーダーのピッチが合うと、Aの音色もBの音色も聴こえなくなります。AとBの音が混ざり合って新しい音色が生まれます。その新しい音色の音を、自分の音として受け入れることでピッチが合います。

　自分の音が聴こえなくなるため、強く吹いてしまう場合がありますが、そうするとピッチが上がってしまい合いません。自分の音が「在って無く、無くて在る」という融合した状態が合った状態です。

　音を観察すると、音は、シュー、ジー、ビーといった雑音や倍音が混ざり合っていることがわかります。音を心の目で見るようにイメージします。そして、自分の音をその音に参加させ1つの融合した音を作ります。次に、もう一度その融合した音を心の目で見るようにイメージします。チューナーだけで合わせても、演奏はそこにある音に合わせなければなりません。

　大切なことは、そこに響いている音に正しく参加することです。

O25 チューニングのコツはありますか？

気温と楽器の温度に気を付けてチューニングしましょう。

　他の管楽器と同様にリコーダーも、温度が高いとピッチも高くなり、低いとピッチも低くなります。気温が3℃上がると2Hzほど上がる場合もあります。

　夏はピッチが高くなり、冬は低くなるため、気温を意識しましょう。また、湿度が高いとピッチも少し上がる傾向がありますので湿度にも注意を払うとよいでしょう。

　リコーダーでアンサンブルをするときは、冬は低めに、夏は高めにピッチを設定します。ピッチの調整は、頭部管と中部管のジョイント部を抜き差しして行います。オーケストラではオーボエのA音（ラ）で合わせます。リコーダーでもソプラノは「ラ」の音で合わせますが、アルトでは「ラ」の音は音程が不安定なため、基音（第1倍音）の「レ」「ミ」「ファ」「ソ」の音を、それぞれの調に合わせて利用しましょう。

　また、リコーダーアンサンブルの場合は、演奏する曲の調の主和音（たとえばハ長調ではドミソ）で合わせると音程のバランスがとれます。

026 リコーダーを楽しむのにチューナーはあったほうがよいですか?

 **チューナーはあったほうがいいでしょう。**

　チューナーとは音のピッチを計るアイテムです。かつては音叉を使ってピッチを合わせていましたが、最近では電子チューナーが主流になっています。

　リコーダーで任意の音を吹くと、チューナーが反応して、ピッチが高いか低いかを示してくれます。チューナーの多くはＡ＝440Hz、445Hzだけでなく、半音低いバロックピッチ(415Hz)にも、対応できます。

　チューナーを利用することで、たとえば夏と冬とでどのぐらいピッチが変わるか、弱く吹いたときと強く吹いたときとでどのぐらい変化するか、自分の楽器の音程バランスはどのようなものかが分かります。これらを知ることで、よりよいアンサンブルが楽しめます。

O27 タンギングのコツはありますか？

 **基本的なタンギングには tu（トゥ）を用います。**

　リコーダーは、原則として音符1つにつき1回「タンギング」をします。舌で音を区切るわけです。

　タンギングにはいろいろな種類があり、音楽に表情を付けるときに役立ちます。多くの場合はアルファベットで表し、子音と母音の組み合わせにより「タンギング・シラブル」（タンギングに使う音節）が生まれます。

　子音は、t、d、r、kなどがあり、破裂音のため強弱に関係します。母音は、息のスピードと関係します。この子音と母音を組み合わせた最も基本的なタンギング・シラブルは、tu（トゥ）です。

　低音が出しにくい場合は、toをイメージしてみてください。口の中が広くなり息のスピードが遅くなります。あくまでtuが基本のため、toはあごを動かさずにタンギングします。oの母音はやわらかなtoroやloroのシラブルとして1535年のガナッシの教本にも登場します。（P.116）

　高音が出にくい場合は、tuを基本として口の中が狭くなるti（ティ）やtü（テュ）というタンギング・シラブルを用いることにより、速いスピードの息が生まれ、高音が出しやすくなります。

　絵を画くときの"タッチ"のようなニュアンスを表現するためにタンギングを工夫しましょう。

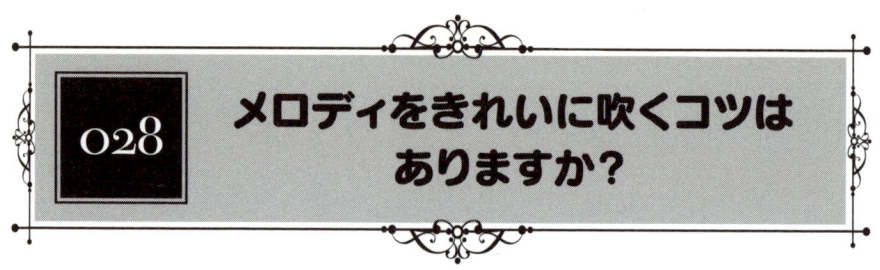

O28 メロディをきれいに吹くコツは ありますか？

歌をうたうときのように吹くとよいでしょう。

　1曲を1つの物語にたとえると、フレーズは「楽句」であり、句読点までの1つの文章にあたります。1つのフレーズを歌をうたうときのような息で吹くことでメロディを美しく演奏できるでしょう。フレージングとは、「何を語るか」を明確にすることで、アーティキュレーションとは「いかに語るか」という語り方を意味しています。

　「きょうはいしゃにいく」という文章は「きょう、はいしゃにいく」か「きょうは、いしゃにいく」と「、」の場所で意味が異なります。

　また、楽譜を演劇の台本と仮定すると、音符は文字に例えることができます。「おはよう」と台本にある場合、さわやかに目が覚めたときの「おはよう」と、眠くてしかたないときの「おはよう」の表現はずいぶん異なります。音符も、さわやかに「ソラシドレ〜」と明確にアーティキュレーションする場合と、重く「ソラシドレ〜」とアーティキュレーションする場合とでは表現が異なります。

　そのメロディの欲する表現を見つける楽しみを持つことで、さらによいメロディ表現が可能になるでしょう。フレーズを明確にし、歌声が聴こえてくるようなニュアンスある表情をアーティキュレーションによって表現できれば、あなただけのすばらしいメロディが生まれるでしょう。

美しい音のつくり方のコツは？

029

「息」の音は自分の心の音です。

　悲しく、楽しく、喜びに満ちて、怒って…など、1つのメロディーが色々な表情で表現できることの不思議さや、自分の心に感じたことを音で表現することの面白さや素晴らしさを、リコーダーは素直に感じさせてくれます。

　リコーダー演奏においては、息を「吹き込む」のでなく「うたうように響かせる」ことが大切です。そのためには、歌をうたうときの身体の状態で発音することがポイントになります。頭声発声のように息を頭部に当てて響かせるイメージで発音します。（P.93）

　歌うときは自然に横隔膜が働き、息づかいも安定しています。フルートを吹く場合の唇の形（アンブシュア）はリコーダーには構造上すでに備わっているため、リコーダーの場合は強く吹きこむ必要はありません。

　エッジに息が当たった衝撃で生まれた弾性波が音波として空気を振動させるのですが、この弾性波は楽器の管内だけでなく身体の中にもバックプレッシャーとして戻ってきます。そのとき、バックプレッシャーを受け入れる共鳴室となるエアーチャンバー（気室）がなくては響きが潰れてしまいます。このエアーチャンバーの役目を担うのが、口腔、鼻腔、咽喉など、身体そのものなのです。

　歌をうたうときの身体の状態は、腹式（側式）呼吸法によって共鳴するエアーチャンバーがあるため、身体がヴァイオリンやギターの共鳴胴のように響き、美しい音が生まれます。「うたうように身体に響かせる」こと、つまり、「リコーダーでうたう」ことが美しい音を生みだす原点です。

ダブルタンギングについて教えてください

030

 **tuku tuku が基本です。**

　「ダブルタンギング」というタンギング法があります。ダブルタンギングは、音にニュアンスを付け加えるためと速いパッセージを演奏するために用います。

　まずは tuku tukuを基本としましょう。ドレミファソというメロディを tutututuと吹くのではなく、tukutukutu と発音します。タンギングと指の動きが一致しにくいこともありますが、ゆっくり練習して徐々に速くすることでクリアできます。練習のコツは、tukutukuの4つのシラブルをひとつのまとまりと考え、このブロックを繰り返すイメージで練習するとよいでしょう。やわらかな表現をしたいときは、破裂力の少し弱いdugu duguを用います。

　タンギング・シラブルはそれぞれの国や時代によっても異なります。たとえば、1707年にオトテールは教本でtuturutu ruturutuと教えていますが、（P.106、P.118）ドヴィエンヌの1794年の教本では、dougue dougueというタンギングを勧め、tourou tourouやturu turuは舌が空回りしてうまくいかないと述べています。同じフランスでも時代によって発音が異なります。（P.119）

アルトの最低音ファを
上手に吹くコツはありますか？

ゆるやかな息で tu と吹いてみましょう。

　アルトリコーダーの最低音ファ［01234567］は、発音がなかなか難しい音です。

　まずは温かい息、ゆるやかな息を手のひらに当ててみましょう。その感じでのどを開いてtuと発音します。それでも難しい場合はあごを動かさないでtoと発音してみましょう。（P.41）大きなシャボン玉を徐々にふくらませていくようなイメージで大切に音をつくりましょう。

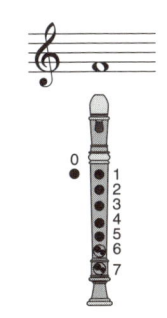

　また、指と音孔との間にすき間があると音が出ません。次の点を確認してみましょう。右手親指の位置が上すぎませんか？　右手の薬指と小指がダブルホールになっている2つの音孔に触れていますか？　足部管を小指の長さに合わせて回転させ調節していますか？

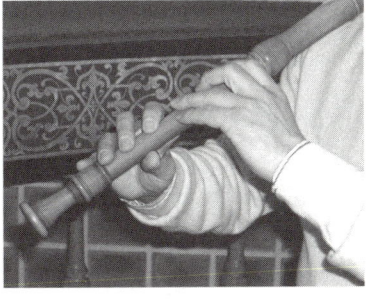

　ポイントは指に力を入れないことです。力を入れて音孔を閉じようとすると、逆にどこかにすき間が空いてしまいます。指の力を抜いて自然な形で、指が音孔に触れる面積を広くしましょう。

アルトの低音ソやラを上手に吹くコツはありますか？

032

 やわらかな息で、よく共鳴した豊かな響きを
目指しましょう。

　低音ソ［0123456］とラ［012345］
も、なかなか発音の難しい音です。

　基本的な鳴らし方は、最低音ファと同じ
です。温かくゆるやかな息で発音します。
指は力を入れずに音孔に触れるようにしま
しょう。

　吹き込み過ぎないようにすることが大切
です。また、逆に、弱く吹きすぎないよう、
身体によく共鳴させ豊かな響きを目指しま
しょう。

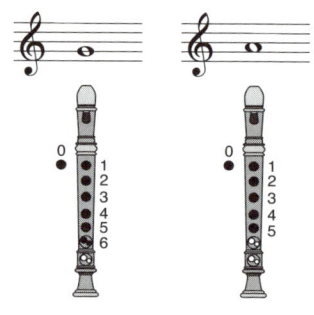

指は力を入れず、音孔に触れ
る感じで

アルトのシ、シ♭（ラ♯）を
上手に吹くコツはありますか？

シは少し弱めに吹きましょう。

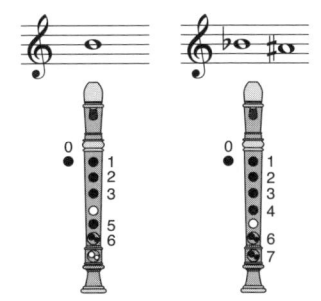

　低音のシの音［012356］を上手に吹くには、コツが必要です。アルトのシの運指はソプラノのようなC管の楽器ではファ♯にあたります。リコーダーの設計上、高くなりやすい音です。少しでも強く吹くと音程が上ずってしまうため、ふくよかでゆるやかな息づかいを心がけましょう。

　シ♭［0123467］は、シと同じ息圧で吹くと音程が低くなりがちのため注意が必要です。ほんの少し息圧を上げることを意識しましょう。

　リコーダーは2オクターヴ以上の音域の音を、8つの音孔の組み合わせでつくる楽器のため、製作者は音程のバランスを保つのに苦労します。他の木管楽器と同様に半音単位の音を全て正しい音程で設計することはとても難しく、どこかの音にひずみがでてきます。そのため、高くなりやすい音、低くなりやすい音、よく響く音、そうでない音など、個々の音の特徴をよく知ることが、よい演奏につながります。難しく思えるかもしれませんが、そこにまたリコーダー演奏の楽しさや面白さがあるといえるでしょう。

O34 アルトのミ♭（レ♯）・ファを上手に吹くコツはありますか？

替え指を覚えると便利です。

　アルトの中音域のミ♭は、C管ではシ♭の運指に当たります。

　標準運指は［0134］ですが、この運指は楽器によっては音程が低いことが多いため、少し高めの替え指（標準運指に替わる指づかい）として［01356］という運指も覚えると便利です。

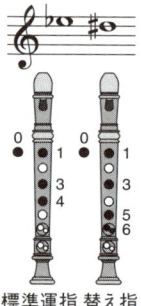

標準運指　替え指

　ファ［02］も楽器によっては音程が少し低い場合があります。その場合も少し高めの、替え指［034］を使います。

　ミ♭とファの音をトリルすることはクロスフィンガリング（指が交差する運指）のため難しいのですが、ミ♭［0134］とファ［034］のフィンガリングにすることで解決できます。

標準運指 替え指

Q35 アルトで中音域ソの運指を安定させるコツはありますか?

「サポートフィンガリング」で解決します。

アルトの中音域のソ［2］は、音孔に触れている指が左手中指だけのため、楽器が不安定になりがちです。楽器をバランスよく支えているか確認しましょう。

①下唇、②左手中指、③右手親指の三つの点で支える「3点支持」が基本です。楽器をより安定させるための「サポートフィンガリング」を覚えましょう。

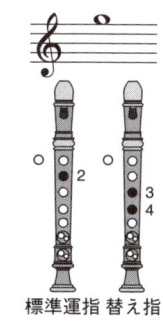

標準運指 替え指

(1) 右手薬指［6］を加える(音程にほとんど影響しません)
(2) 右手小指を［6］と［7］のジョイントの突起の部分に添える

サポートフィンガリングは、ソの音だけでなく他の音を吹くときも楽器の安定に役立ちます。(1)はバロック時代のオリジナル運指法に使用されており、アルトの中音域のレミファソに有効です。(2)は音程に影響しません。それぞれ工夫してみましょう。

また、ソの音は、音程が変わりやすいことに加え、支えが不安定になるために力が入って強く吹きこんでしまうことが多く、音程には注意が必要です。弱く吹きたいときは、替え指［34］を用いるとよいでしょう。

(1)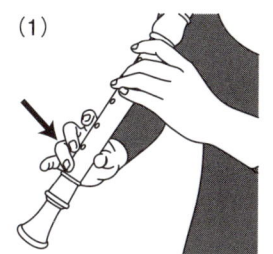

(2)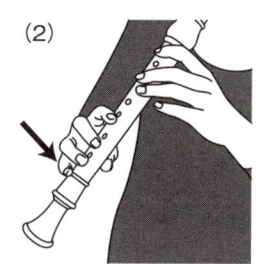

036 「サミング」のコツはありますか？

2種類の方法があります。
自分のやりやすい方法を工夫しましょう。

　アルトで中音域ラより上の音域を吹くためには、「サミング」を行います。サミングとは、左手親指で音孔に小さなにすき間をあける動きをいいます。本書では「∅」「◐」と表記します。

　ハンスマルティン・リンデの教本には4つの方法が載せられています。なかでも、「クナイフェン」、「ビーゲン」の2種類をお勧めします。

【クナイフェン】 親指の関節を曲げて、爪をサムホールにすべらせて立てる方法

【ビーゲン】 親指を当てる位置をずらす方法

　クナイフェンを基本としながら、速い動きで演奏するときはビーゲンを用います。

　指をどのようにサムホールに当てるか、爪を切るか伸ばすかなどについては、人により手の大きさや形が違うため、自分に最も合った方法を探しましょう。

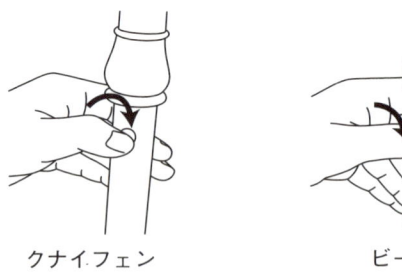

クナイフェン　　　　　ビーゲン

音符の記号と奏法はどのような関係にありますか？

4つの奏法に対応して、楽譜の書き方も4つあります。

奏法には大きく分けて4種類の方法があります。

【記号】　　　　　　　　【奏法】
（1）（無記載）　　　　　ノンレガート奏法
（2）スタッカート　　　　スタッカート奏法
（3）テヌート　　　　　　ポルタート奏法
（4）スラー　　　　　　　レガート奏法

　記号と奏法の名前が異なっていることに注意しましょう。音符に記号が書かれていない場合は「ノンレガート奏法」といい、音符1つ1つにタンギングをして演奏します。音と音の間には少し音のない空間ができます。

（1）ノンレガート奏法　　　　（3）ポルタート奏法

（2）スタッカート奏法　　　　（4）レガート奏法

038

スタッカート奏法で
演奏するコツはありますか？

破裂する瞬間を利用して短く発音します。

スタッカート奏法は、タンギング・シラブルの破裂する瞬間を利用して短く発音する演奏方法です。記譜上は音符にスタッカート記号、「・」（♪）を付けて表します。

tuと発音し、すぐ舌を元に位置に戻して息の流れを止める方法と、tuと発音し、舌を開放する方法の2種類があります。無声音でtuと発音し、舌の動きを確かめながら練習するとイメージをつかみやすいでしょう。弦を指で弾くピッツィカート奏法のように、真珠の玉のように光のある音を目指しましょう。

リコーダーの演奏において、スタッカートは p（ピアノ）で表現するときによく使われます。「音量」（ヴォリューム）は、単に強弱だけではなく音の長さも関係しています。リコーダーは、息の強さを変えると音程が変化してしまいます。そのため、音の強弱を音の長さに置き換えて考え、f（フォルテ）はやや長く、pはやや短く吹くという技法を用います。

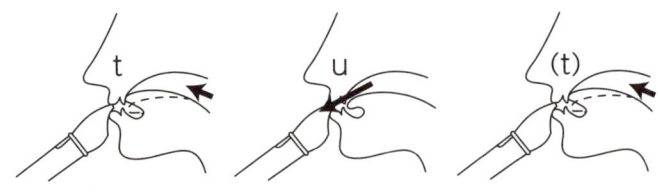

ポルタート奏法（テヌート）で
演奏するコツはありますか？

すばやく舌を動かしてタンギングします。

　ポルタート奏法は、タンギングをしながら、なめらかに演奏する方法です。記譜上は音符にテヌート記号「−」（ ）を付けて表します。

　タンギングをするため、音と音とのあいだにはすき間が入りますが、そのすき間をできるだけ無くして、音と音とがつながるように表現します。

　なるべく速く舌を動かし、タンギングしてみましょう。前の音の残響があるうちに、次の音を発音します。空中で音が重なるイメージです。

　日本古謡「さくらさくら」をうたうように吹いてみましょう。

日本古謡「さくらさくら」より

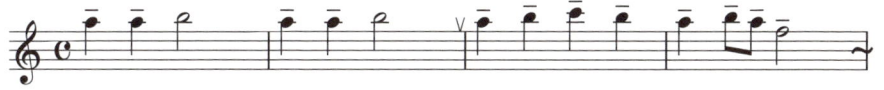

レガート奏法（スラー）で演奏するコツはありますか？

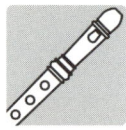

タンギングをしないで、指をすばやく動かします。

　レガート奏法は、音と音とをなめらかにつなぐ演奏方法です。記譜上は、複数の音符をスラー記号「⌒」で結んで表します。

　スラーの始めの音はタンギングをしますが、それ以降の音はタンギングをしないで指だけを動かします。音と音との間にはすき間がありません。

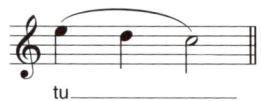

tu

　上の譜例では、ミでタンギングをしますが、レドでは指だけを動かしてタンギングはしません。3つの音がポルタート奏法よりも一層なめらかにつながります。

　なめらかに演奏するコツは、ゆっくりした音楽の場合でも、指をすばやく動かすことです。ミからレに移るとき、レからドに移るときには、指をすばやく動かしましょう。ゆっくり動かすと音と音の間に雑音が入ってしまいます。

アルトのソとラを結ぶスラーは、多くの指を同時に動かすだけでなく第1倍音のソから第2倍音のラへ移るため、雑音が入りやすい動きです。練習方法としては、付点音符による方法、三連符による方法が効果的です。下の譜例を使って練習してみましょう。

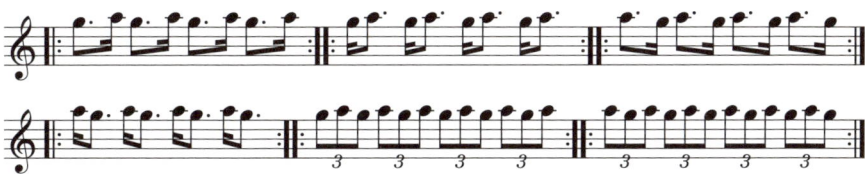

なお、弧線の記号には、アーティキュレーションとしてのスラーの他に、フレーズを示す「フレージング記号」があります。たくさんの音符を一度に結ぶスラーのような弧線は、フレージング記号である場合もあります。

O41 アルトリコーダーを使って、バッハの「メヌエット」を上手に吹くコツはありますか？

メヌエットの踊りの動きを大切にしましょう。

　このメヌエットは、アンナマグダレーナの音楽帳に載せられていたためJ. S. バッハの作品と考えられていましたが、近年になりC. ペツォールトの作曲と分かりました。

　まず、各小節の最初の音だけを吹いてみて、曲の大きな流れを感じましょう。

ソーソーラード、ファーミーシーレ、ソーソーラード、ファーミーレード

　次に、各拍の最初の音だけを吹きましょう。

ソドミ、ソドド、ラファラ、ドドド

　8分音符は指がスムーズに動くように、次の点に注意して練習しましょう。

・クロスフィンガリング（ミとファの音の交差する指の動き）はスムーズですか？

・中音域のソの音を吹くときに楽器は安定していますか？

・ラ・シ・ドの音のサミングはうまくできていますか？

　メヌエットは6拍で1セットのステップとなっているため、2小節でひとつの単位と考えましょう。メヌエットの語源は小さなステップを意味します。4分音符は短く、8分音符は音をつなげるためポルタートで表現し、6拍ごとの最初の音符は、ステップのように上へ向かう動きを感じながら演奏すると、メヌエットらしい可憐さが出てきます。(P.58)

C. ペツォールト（伝 J. S. バッハ）「メヌエット」BWV Anh. 114 より

*♪ は前打音といい、曲想により様々な長さで演奏できます。

師・アーノンクールの教え
〜「何故か」を知りなさい〜

キャラクター

　「Mino！何故そこをそのように表現するんだ？」と師匠のニコラウス・アーノンクールから、レッスンのときたびたび質問された。当時ぼくはMinoruという名前からMinoと呼ばれていた。「この曲を作曲した頃のテレマンは、彼がフランスへの旅行中にいろいろな民族音楽を耳にして、とくにジプシーの音楽の新鮮な響きを書きとめた…。そんなイメージはどうだろう？」と師は語る。しかし、「Minoがどうしてもそう表現したければ、それはだれも邪魔はできない」ともアドヴァイスされた。

　何度かのレッスンの後、気がついたことは、「何故かを知る」ことで「基礎」が培えることである。

　たとえばメヌエットは3拍子で書かれているが、2小節単位の6拍のステップで踊られる。メヌエットの語源は「小さなステップ」であり、1拍目は床を踏む動きではなく、つま先立ちする上への動きのステップである。そのため、そこにはその動きに相応しい「音表現」が必要となる。フレージングとアーティキュレーションも自然に生まれ出る。時代とともに実際に踊ることを想定していないメヌエットが作曲されるようになったが、メヌエットのキャラクター表現の内在なしにメヌエットはメヌエットにはならない。無論、テンポも自然に決まってくる。

　それ以来ぼくは、自分自身の演奏に常に「何故か」と問うようにしている。答えのないものも多いが…。

テンポと情緒

　テンポといえば、イタリア語辞典で語源を調べると、Adagioは注意深く慎重に静かな「ゆっくりと」を意味している。Largoは幅のある広く大きく豊かな「ゆっくりと」、Lentoは遅く緩慢でゆったりした時間の「ゆっくりと」、Graveは重圧があり苦しみ悩む深刻な感じの「ゆっくりと」となる。これらのテンポを表示する言葉はもともと情緒を表現する言葉であり、同じ「ゆっくりと」でもそれぞれ微妙に意味合いが違う。

　このように、「何故かを知る」ことは、演奏表現の「基礎」を養うことにつながる。そして、技術的な側面だけではなく「何故そうするのか」を考え、愛情と忍耐をもって楽曲に内在するものを発見し、広く奥深く探求しながら引き出し、実りある音にしていくことが演奏の醍醐味である。しかし、答えの無い疑問もある。その疑問を忘れないでずっと持ち続けていると、ちょっとしたきっかけで答えが見つかるときがある。その瞬間が、音楽する喜びになっていく。大切なことは、諦めないこと、思い考え続けることである。

ニコラウス・アーノンクール

Illustration by CHONTO

師・ツァンガレの教え
〜リハーサルについて〜

　本番の休憩時間に、「リハーサルと違う！」と一緒に演奏した弟子から批判的にいわれたことがある。これには、驚いた…。

　リハーサルとは、本番で演奏する内容の打ち合わせである。邦楽では、リハーサルのことを「申し合わせ」といい、だいたいの骨組みを申し合わせることをいう。英語の辞書に記述してあるように、リハーサルrehearsalは「下稽古、予行演習」である。音楽の演奏は、あくまで舞台の上で創りあげるものであり、予行演習や下稽古をそのまま舞台で演奏することではない。つまり、リハーサルと同じことを本番で演奏することは、下稽古をそのまま本番で演奏することであり、聴きに来てくださる皆様にとってこんなひどい話はない。演奏する会場の音響や雰囲気でテンポも表現の大きさも自然に変わる。画家が一度描いたタッチを変えるように、音楽も舞台の上で描き直すことは多々ある。リハーサルは、本番の閃きのためにあり、その閃きを最大限に本番で表現するためにある。

　先日、ベルリンフィルの5人の楽団員と一緒にコンサートを行った。本番では、ソリストであったぼくの演奏するアーティキュレーションや装飾の微妙な表現の違いに対して、楽しみながら瞬時に応じていた。積極的に表現しながら、コンサートマスターの微妙な表現の違いに瞬時に合わせるオーケストラ団員は、こうした環境によく慣れている。演奏は舞台上でその瞬間に共に創りあげていくものである。偶然にも、ヴァイオリンのロマーノ・トマシーニとヴィオラのヴォルフガング・ターリツは、ベルリンフィルに入団する前にぼくのフルートの師であるツァンガレと同じオーケストラに在席し、特にフランス作品について教わったとのことだった。ドイツ語ではリハーサルをプローベ(Probe＝試し・下稽古)という。ツァンガレは「プローベはプローベ、本番は本番(Spiel＝演奏・遊び)」とよく言っていた。この数奇な出会いに皆で驚き、心の底から大声で笑った。

　志を一つにするものはきっとどこかで出会うことになっているのであろう。

第3章

いろいろな奏法を身に付けよう！〜中級編

タンギング・シラブルは
何のためにあるのでしょうか？

音にニュアンスをもたらします。

　タンギングには実に多くの種類があります。1535年にガナッシが書いた『フォンテガーラ』という本には、58種類ほどのタンギング・シラブルが挙げられています。(P.116)

　タンギング・シラブルの母音は息のスピードに関係していますが(P.41)、ここでは子音に着目してみましょう。

　tu du ru kuと発音すると舌の当たる位置が上口蓋の奥の方に移動することが分かります。奥にいくにしたがって破裂力が徐々に弱くなっていきます。子音は音の強弱に関係します。

　この子音の違いは、絵筆のタッチに似ています。いわば、舌という筆で音という絵の具を空気にいろいろなタッチで描くこと…。それこそが、タンギングといえます。

　メロディによって色々なタンギング・シラブルを組み合わせ、空気という立体空間にニュアンスある絵を描く面白さを味わいましょう。

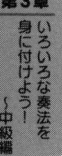

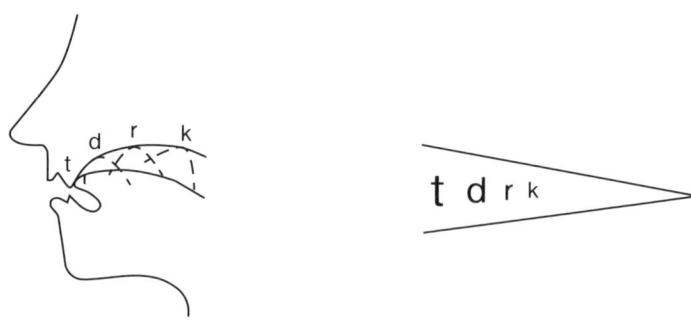

O43 すぐにブレスをしてしまうのですが、長く吹けるコツはありますか？

歌をうたうときと同じ呼吸法が役立ちます。

　鼻で深呼吸をして、背中に入る息を確かめましょう。（P.37）そして、吹きこむという意識をもたずに、ウィンドウェイに「ため息」のように吐くと、ものすごく大きな音が出ます。私たちの身体は充分な空気を吸って吐くことができることが確認できます。

　ハミングでうたうときの喉のかたちを利用して、徐々に美しい音が出る息圧に変えていきます。リコーダーを身体の器官の一部に感じるまで繰り返しましょう。

　次に、口から空気を吸ってロングトーンの練習をします。コツは、直接ウィンドウェイに息を吹き入れるのではなく、頭声発声のように息を頭に当てて響かせるイメージで発音します。うたうときと同様、自然に横隔膜の支えができ、安定した音が得られます。（P.92）

　野球やゴルフにおいて打球の飛距離はバックスイングと関係しています。ブレスはこのバックスイングと似ています。フレーズの長さを感じ、その長さに応じて吸う息の量を調整しましょう。

ヴィブラートを付ける
コツはありますか？

**まずはヴィブラート無しで吹き、装飾法の１つとして
ヴィブラートを用いるとよいでしょう。**

　ヴァイオリンの演奏やオペラのアリアでは、一般的にヴィブラート（音の揺れ）を付けて音楽表現をしますが、古楽の演奏ではヴィブラートを付けないノンヴィブラート奏法が用いられています。

　18世紀初頭の教本において、長い音には"フラットマン"（P.107）や"トレモラント"といった奏法が提唱されたため、ヴィブラートが氾濫するようになりました。J. S. バッハもヴィブラートを付けすぎたファゴットの学生を叱った記録が残っています。レオポルド・モーツァルトは『ヴァイオリン教本』（1756年）で「熱に侵された如く全ての音にヴィブラートを付けず、神の欲するところにだけ使いなさい」と示唆しています。バロック時代の終わる1750年代の教本には「ノンヴィブラート奏法」が提唱されるようになりました。

　ヴィブラートを付けるコツは、ノンヴィブラート奏法を原則とし、レオポルドのいう、「神の欲するところ」に付けることです。

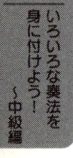

045 ドミソの和音の合わせ方のコツは？

長3度のミの音を低めにすることで純正な響きが得られます。

　ピアノの和音は濁っていることをご存知でしたか？

　ピアノは、全ての半音を同じ幅にした十二平均律で調律されています。この調律では、完全1度（ユニゾン）と完全8度（オクターヴ）は純正ですが他の音に純正な音程はなく、特に3度音程に大きな誤差が出ます。この濁りを消してきれいに響かせるためには、十二平均律の長3度のミの音を約14セント低く、完全5度のソの音を約2セント高くすると純正に響きます。（半音の周波数比は100セントです。）ぴったり合った純粋な透明度の高い和音を「純正和音」と呼びます。

　リコーダーアンサンブルでは、この純正な和音を体験できます。純正な和音には平均律にはない美しさがあります。

　純正かどうかは、「差音」を聴くことで判断できます。2つ以上の音を同時に吹くと、ブーンという低い音が聴こえます。差音はG. タルティーニが発見したとされ、レオポルド・モーツァルトの『ヴァイオリン教本』には、"だみ声のような低い音"とあります。2つの音の周波数の差が音として聴こえる現象で、これを「差音」といいます。

　ドミソが純正和音になったとき、差音は正確に低いドの音として聴こえます。とても神秘的で、パイプオルガンの低い音を出すためにも使われています。差音は「バーチャル・トーン」ともいい、実際に吹いていない低音が浮上することで豊かな響きを得ることができます。

o46 和音の練習メソッドはありますか？

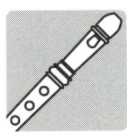 **根音に対して合わせやすい8度、5度、3度の順に合わせます。**

　ハ長調の主和音（ドミソ）をソプラノ、アルト、テノール、バスで演奏する場合、まず、バスリコーダーが根音（和音の基礎となる音）のドを吹きます。豊かな響きで安定した音程を保ちます。

　次に、ソプラノが高いドの音を合わせます。バスの音にソプラノの音が融合して1つの音に聴こえたら、次にテノールの根音から5度上のソの音を合わせ、最後にアルトの長3度のミの音を合わせます。

　根音のバスの音の中には倍音として8度、完全5度や長3度の音が含まれているため、バスの音をよく聴き、その音に融合し、音を心の目で見るようにイメージすると合わせやすくなります。たとえば、

　①バスの音を見る

　②バスの音に参加する

　③融合した全体の音を見る

といったイメージで合わせてみるとよいでしょう。

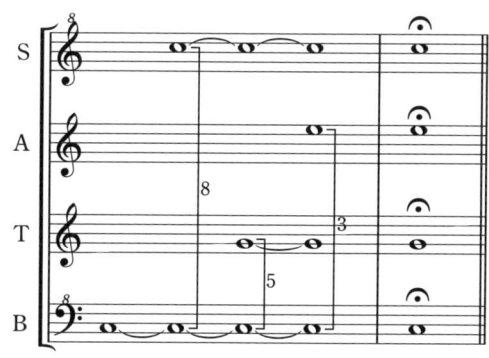

047 いろいろな大きさのリコーダーを 使い分けるコツはありますか？

知っている曲を楽譜を見ながら何度も吹いて慣れましょう。

　リコーダーは基本的にＣ管またはＦ管の楽器ですが、楽器の音域によって、ト音記号の楽譜とへ音記号の楽譜を使います。

　・ト音記号…ソプラニーノ、アルト（Ｆ管）
　・ト音記号…ソプラノ、テノール（Ｃ管）
　・へ音記号…バス、コントラバス（Ｆ管）
　・へ音記号…グレートバス（Ｃ管）

　アルトとテノールは実音記譜ですが、ソプラニーノ、ソプラノ、バスは、実際には楽譜に記されている音よりも１オクターヴ高い音が出ます。ト音記号やへ音記号の上に*8*の表記があります。

　Ｆ管の楽器を「移調楽器」と考えて、楽譜をＣ管の楽器に読み替えて演奏する方法もありますが、Ｃ管とＦ管は単純に別の指づかいとして覚えることをお勧めします。

　知っている曲を楽譜を見ながら何度も吹いていると、音符と運指との関係が自然と身に付いてきます。「習うより慣れろ」のことわざの通りです。

 **息を吹き込みすぎず、繊細な指づかいや息づかいを心がけましょう。**

　ソプラノは、アルトより音域が完全5度高いC管の楽器です。アルトに比べて息を入れるウィンドウェイが小さいため、使う息の量が少なくなります。息の量が多すぎると（オーバーブロー）、ピッチが上がって雑音の多い音色になります。

　音程は少しの息圧の違いで敏感に変化します。

　歌をうたうときの喉の形を保ちながら、安定した息づかいで吹くように心がけましょう。（P.92）

ソプラノリコーダーの標準音域

【記譜】

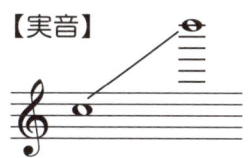

【実音】

テノールリコーダーを
吹くコツはありますか？

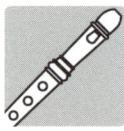

音孔の間隔が広いため、指を広げるストレッチ体操が役立ちます。

テノールリコーダーは、アルトよりも完全4度低いC管の楽器で、多くは足部管にキーが付いています。

テノールリコーダーの標準音域

テノールは管が長く、音孔の間隔も広いため、腕を伸ばして指を開かなければなりません。長時間吹いていると手指だけでなく肩や背中も痛

くなる場合があります。これを防ぐためには、姿勢に注意しましょう。また、腕や指の筋肉を伸ばすストレッチ運動が役立ちます。

吹き方のコツは、息づかいを工夫し、身体と楽器のバランスを取りながらよく響くポイントをみつけることです。(P.97)弱めの息から徐々に強め、ポイントを探すのがよいでしょう。

手指の筋肉を伸ばすストレッチ

050 バスリコーダーを吹くコツはありますか?

深い呼吸をしながら、よく響く「スィートスポット」をみつけましょう。

バスリコーダーは、アルトより1オクターヴ低いF管の楽器です。ヘ音記号の楽譜を使いますが、実際には楽譜より1オクターヴ高い音が出るため、ヘ音記号の上に8と記されています。

バスリコーダーの標準音域

直管でクルーク（吹奏管）を使うタイプと、頭部管が「く」の字に曲がっている「ベントネックタイプ」のものがあります。ベントネックタイプは、ニック式、アングルドとも呼ばれています。

バスリコーダーは、息の量が必要になるため深い呼吸が必要ですが、よく響くスィートスポット（P.97）をみつけることで、息量を節約できます。

中音域のミ♭の運指が、アルトと同じ［0134］ではなく、［0135］の楽器が多いため特に注意しましょう。その他の運指もアルトと少し異なる場合があるため、必ず楽器に添付されている運指表を参照しましょう。

低音域の音は、タンギングをしてから少し遅れて聴こえる場合があります。この場合、クルークをはずして直吹きにすると発音のレスポンスがよくなります。また、最低音のファの音などは「タッピング」（P.109）といって、タンギングと同時に右手中指で音孔を叩くことで、音の立ち上がりを明確にすることができます。

第3章 いろいろな奏法を身に付けよう！～中級編

051 アルトの低音ラ♭（ソ♯）とソ♭（ファ♯）を上手に出すコツは？

指を曲げず、手首の回転によって半開を行うことがポイントです。

第3章 いろいろな奏法を身に付けよう！～中級編

　低音ラ♭（ソ♯）［012345⑥］とソ♭（ファ♯）［0123456⑦］は、6の音孔または7の音孔を「半開」にするため、発音も音程も難しい音です。

　6と7の音孔は「ダブルホール」といって小さな音孔が2つ開けられているため、その1つをふさぐことを「半開」といいます。「半開」した音はこもった音がします。

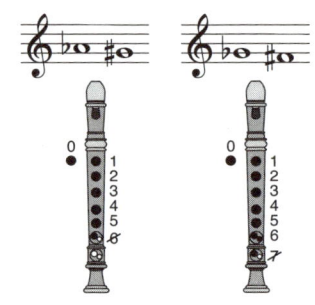

その特徴を知ることで、強く吹いてピッチを上げないように注意しましょう。

　ラ♭の音は、ラの音から音孔を半分閉じるのではなく、ソの音孔に少し隙間を開けることを意識するとよいで

手首の回転の練習

しょう。ソ♭も同様にファに少し隙間を開けるイメージです。

　ポイントは半開にするときの手の動きです。指を曲げず、指の力を抜いて手首の回転によって半開を行います。指の力を抜くことで指の摩擦がなくなり手首の回転がスムーズになります。

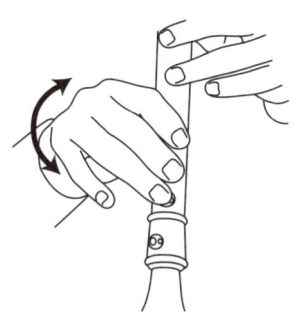

アルトの中音ラ♭（ソ♯）を
きれいに出すコツは？

運指に慣れ、音をつくる意識を持つことです。

中音ラ♭（ソ♯）［23456］は、サミングを使わずサムホール（0の音孔）を開けて第2倍音を出すという運指の音です。音色が少し他の音と異なるため、音をつくるという意識が必要です。

楽器によって、音程が低いことも、逆に高いこともあるため、自分の楽器がどちらなのか、チューナーなどで確かめておきましょう。

ソからラ♭への動きは、多くの指を同時に動かさなくてはなりません。付点音符と三連符による練習を下の譜例を使ってやってみましょう。

替え指にピッチが高めの［∅12345 6̸］があります。標準運指では、難しい指の動きになる場合や、弱い音を出したいときに使います。

標準運指

替え指

アルトの高音ミ・ファ・ソを
出すコツは？

 **よく響く「スィートスポット」をみつけましょう。**

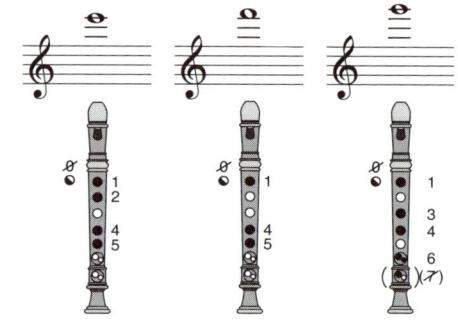

アルトリコーダー最高音域の3つの音です。サミングでつくる高いラ・シ・ド・レの音は第2倍音ですが、高音のミとファの音は第3倍音、ソの音は第4倍音となります。倍音は、チロル地方のヨーデルを歌うときのように、裏声を出す意識で響かせましょう。

高音のミ［∅1245］は、ラの音の5度上の倍音を意識して発音しましょう。

高音のファ［∅145］は、高音のミを半音上げてつくるため、ほとんどの楽器はピッチが少し低くなります。息圧を少し高めるか、サミングを広めにすることで解決します。

高音ソの音は、運指表には［∅1346］と書かれているものが多いのですが、この運指では音程が高くなる楽器がほとんどのため、7の音孔に小指を少しかざすか、ダブルホールの1つの音孔を閉じて［∅1346（ｱ）］音程を調整します。チューナーで楽器のピッチを把握しておきましょう。

最高音域の音は、力で吹こうと思っても美しく鳴りません。弱く吹いてもよく鳴るスィートスポットをみつけて、響きを楽器から導き出すようなイメージで音をつくりましょう。

第3章
いろいろな奏法を
身に付けよう！
〜中級編

トリルを上手に演奏するコツは
ありますか？

**長い音符のトリルはゆっくり始めて徐々に速くするのが
自然です。**

　バロック時代の曲と古典派以降の曲ではトリルの演奏方法が異なります。
　バロック時代のトリルは一般的にトリル記号が付いている音の1つ上の音から始めます。この1つ上の音のことをアポジャトゥーラ（前打音）といいます。たとえばレの音にトリル記号が付いている場合は、1つ上のミの音から始めて「ミーレミレミレー」と演奏します。①ミの音、②レミレミのトリルを徐々に速く、③主音のレをのばす、という3つの部分を全てスラーで演奏します。この一連の動きを18世紀の教本では「趣味よく」と説明されています。

　これに対して古典派以降は、主音（レ）から「レミレミレミレ」と演奏します。長い音符のトリルの場合は、ゆっくり始めて次第に速くすることで、自然界の動きの模倣となり、"趣味がよい"とされます。

　突然速い動きで始まる電話の呼び鈴のようなトリルは「テレフォン・トリル」といい、主に現代曲に登場します。

第3章　いろいろな奏法を身に付けよう！　〜中級編

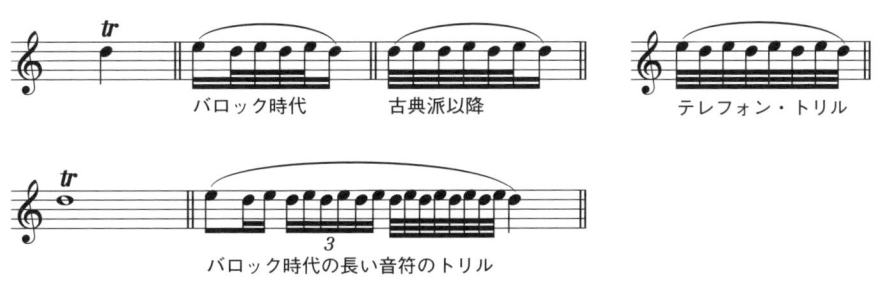

バロック時代　　古典派以降　　　　　　　テレフォン・トリル

バロック時代の長い音符のトリル

O55 アルトのミのトリルを吹くコツは？

2つの運指を使い分けましょう。

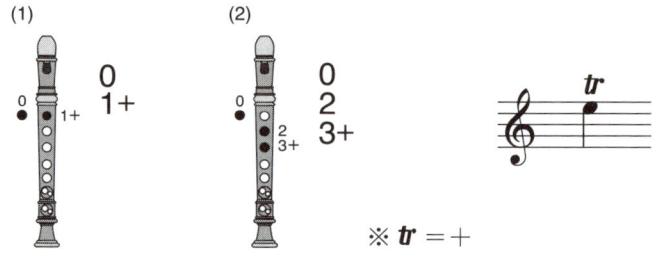

※ *tr* ＝＋

ミの音には、2つのトリル運指があります。

　(1)の運指は、ファの音程がかなり高めになります。左手の人差し指をあまり高く上げず、音孔に近いところでトリルすることで音程を修正します。息圧もほんの少し弱くするとよいでしょう。テンポが遅く長い音符の場合は、最初の1回、2回をゆっくり標準運指で行い、その後トリル運指に変えます。

　(2)の運指は、ミの音が高めになります。［5］の音孔を閉じることで補正できますが、弱めの音を吹きたいときは補正は必要ありません。

　2つの運指を表現に応じて使い分けましょう。

056 アルトのファのトリルを吹くコツは？

 **楽器をバランスよく支えることが大切です。**

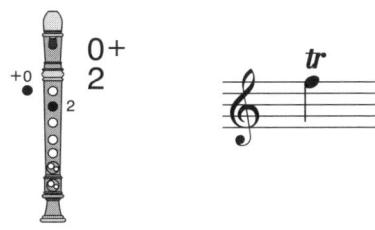

トリルは指を速く動かせばよいというものではありません。特に長い音符の場合には、ゆっくり始めて次第に速度を上げていくことがバロック時代の"趣味のよい"スタイルです。（P.75）速さばかりでなく"趣味のよい"表現にも注意してみましょう。

親指は速い動きが苦手な指のため、指が動きにくいと感じたら、

①下唇

②左手中指

③右手親指

の3つの点でバランスよく楽器を支えられているかどうかを確認しましょう。楽器の支えが安定していないために余分な力が入り、親指の動きが緩慢になることがあります。状況に応じて「サポートフィンガリング」（P.49）を活用しましょう。

アルトのソの音のトリルを
吹くコツは？

057

 **フレーズにあわせた適切なトリル運指を使いましょう。**

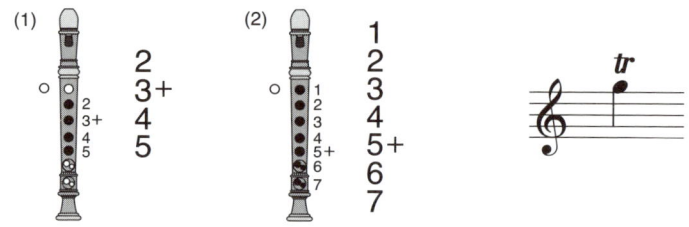

(1)
```
2
3 +
4
5
```

(2)
```
1
2
3
4
5 +
6
7
```

tr

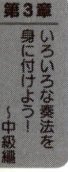

　2種類のソの音のトリル運指を紹介しましょう。それぞれの音の特徴を把握し、曲想に応じて運指を選びましょう。

　(1)の運指は、バロック時代の教本にある運指です。［45］の音孔を閉じるためソの音程が低くなり、少し強めの息圧で音程の修正をします。音量も大きくなります。また、第1倍音のソと第2倍音のラの音を行き来するため雑音が入ります。トリルが終わった後、ソを伸ばす場合は標準運指を使います。

　(2)の運指は、主音のソの音が替え指のため、やわらかな響きとなります。ソとラの音の両方が第2倍音となり、雑音のないきれいなトリルができます。しかし、全体の音量が弱くなります。

058　速いパッセージを吹くコツは
ありますか？

**まずは吹けるテンポでゆっくり練習すること。
アレグロは「速く」ではなく「快活に」を心がけましょう。**

　速いパッセージを吹くためには、確実に吹けるテンポから始めて、無理をしないように少しずつ速くしましょう。指が思うように動かないと感じるときは、楽器が安定して支えられているかどうかをチェックしましょう。肩や指の力も抜きましょう。指とタンギングとが合わないときは、指は指で、タンギングはタンギングで別々に練習し、後で両方を合わせてみるとよいでしょう。個々のパッセージを分解して組み合わせていく練習も効果的です。難しい音型を付点音符や三連符におきかえ、いろいろなリズムで練習することで、苦手な部分が明確になり、ピンポイントで練習できます。

　ただ単に速く吹くということよりも、曲が求めている表情をみつけることがより重要です。たとえばアレグロは、「速く」ではなく、「楽しく」、「快活に」がイタリア語本来の意味です。なお、メトロノームは1815年頃に発明されました。ベートーヴェン以降の楽曲に用いられますが、17、18世紀のバロック音楽にはメトロノームのテンポ表示は適しません。

G. F. ヘンデル「ソナタ ヘ長調 HWV369 第2楽章」より

Q59 特別な運指のトリルはありますか？

 アルトのミ♭とファの音、ソとラ♭の音、レとミ♭の音のトリルを紹介しましょう。

【ミ♭とファの音のトリル】

　ミ♭［0134］に替え指のファ［034］を使います。ファの音のピッチが少し高くなるため指を音孔からあまり離さずにトリルすることで補正します。また、ミ♭を［01356］の運指にすることもできます。

【ソとラ♭の音のトリル】

　ソ［346］とラ♭［3456］の運指で行います。ソの音のピッチが高くなるため、少し息圧を弱くします。この音のトリルの後にはファの音が続く場合が多いため、ファ［0346］の替え指を使い音量バランスをとります。

【レとミ♭の音のトリル】

　レは替え指の［01345 6 ］とミ♭［0134 6 ］を使います。レの音のピッチが少し高くなるため、息圧を少し弱くします。バロック時代の教本にはレ［012］とミ♭［01］とあります。テンポの遅い最初は標準運指のクロスフィンガリングで吹き、速くなってからミ［01］をミ♭の代用として、人差し指を音孔からあまり離さずに動かしミ♭の正しい音程に近付けます。

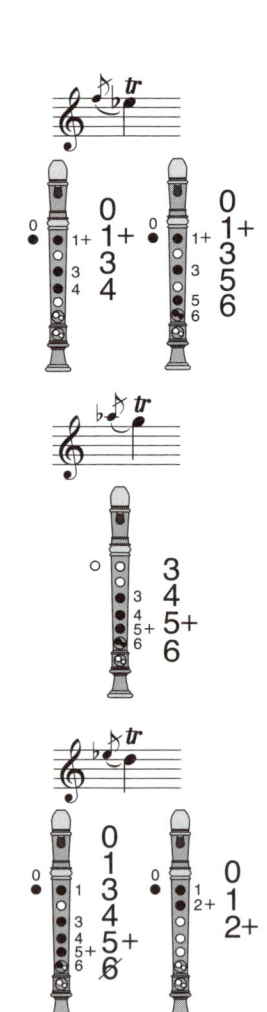

「メヌエット」をきれいに
演奏するコツはありますか？

ダンスの動きを参考に演奏しましょう。

　メヌエットは、フランス宮廷で愛好された舞曲です。ヴェルサイユ宮殿では、ルイ14世が自ら踊っていました。メヌエットは、3拍子で書かれていますが、6拍が1セットで、1拍目は上へ向かって軽やかにつま先立ちするステップです。(P.56、P.58)

　実際に踊ることで理解できますが、演奏のコツは、踊りのステップを意識し、その動きに合ったアーティキュレーションで演奏することです。メヌエットの語源は"小さなステップ"を意味するため、4分音符は短く上品に表現しましょう。

　譜例の6、7小節目は、ヘミオラ(2：3の意)といい、2小節を3つに分割します。リタルダンドしなくても大きな拍感になるため、終止感が強くなります。

J. M. オトテール「組曲 Op.8 メヌエット」より

「サラバンド」を美しく演奏する
コツはありますか？

061

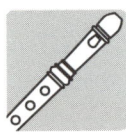

1拍目は上への動き、2拍目は横への動きを意識しましょう。

　サラバンドもバロック時代を代表する舞曲の一つです。大航海時代に南アメリカからヨーロッパへ渡って流行した舞曲といわれています。

　17世紀のイギリスを代表する作曲家のヘンリー・パーセルは、「サラバンドは3拍子で最も速い舞曲です」と記述しています。当時、スペインでは踊ることが禁止になったほど速く激しい動きだったようです。

　サラバンドはフランス宮廷に伝わって様式化され、18世紀にはゆっくりとした上品な曲に変化しました。後にドイツにも伝わり、J. S. バッハのサラバンドのように中庸なテンポの舞曲になっていきます。

　1拍目は上への動き、2拍目は床と並行の動きを感じさせる表現が演奏のコツです。

　なお、フォリアやシャコンヌもサラバンドの仲間です。

A. コレッリ「ソナタ Op.5-8 サラバンド」より

「ジーグ」を上手に演奏する コツはありますか？

生き生きとしたリズム感が出るように心がけましょう。

　15世紀、イギリスのJigが発祥といわれ、一般的には6/8拍子の生き生きとした速い舞曲です。イタリアでは同じキャラクターのgigaとなりますが、フランスでは様式化され、中庸または速いgigueへと変化し、6/8、3/8、6/4といった複雑な拍子になりました。

　シェイクスピアの戯曲『空騒ぎ』第2幕第1場には、「求婚はスコットランドのジグのように熱っぽくてあわただしい」という台詞が登場します。シェイクスピアは、音楽史のルネサンスからバロックに時代が移行する頃に活躍していました。その時代のジーグは、激しい舞曲だったことが想像できます。

　♩♪のリズムパターンが一般的ですが、♫♪でも1つ目の8分音符を少し重いポイントとして表現し、2つ目と3つ目をスタッカートで軽く演奏しましょう。

第3章　いろいろな奏法を身に付けよう！〜中級編

伝A. ヴィヴァルディ（E. Ph. シェドゥヴィル）「忠実な羊飼 Op.13-1 ジーグ」より

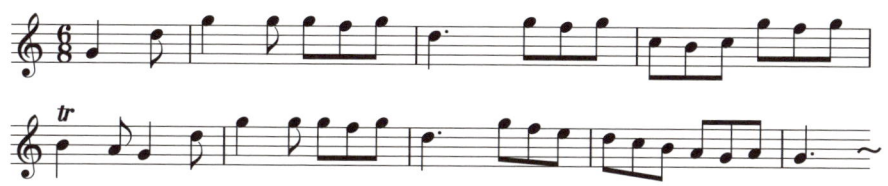

063 「パヴァーヌ」や「ガイヤルド」はどのように演奏すればよいのでしょうか？

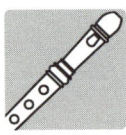　**パヴァーヌはゆるやかに、ガイヤルドは弾んで表現しましょう。**

　パヴァーヌとガイヤルドは、ルネサンスを代表する宮廷舞曲です。16世紀中ごろにフランスやネーデルランドで多くの曲集が出版されました。テンポのゆっくりとしたパヴァーヌと速いガイヤルドは、よく対になって載せられています。

　イタリアのパドヴァ地方の発祥とされているパヴァーヌは、足を低い位置でゆったりと動かすステップで踊ります。

　ガイヤルドは、「元気で活発な」の意味をもつイタリア語のガリアルドGagliardoに由来し、フランス語ではガイヤルドGaillardeと呼ばれます。飛び跳ねて空中に足を上げる動作が特徴です。踊りやすいように明確なメロディを持っています。

　いずれも踊りの動きをイメージしながら演奏することで、それぞれの作品のキャラクターが表現できます。

A. ホルボーン「パヴァーヌ」より

A. ホルボーン「ガイヤルド」より

リコーダーと合う楽器には どんなものがあるのでしょうか？

 **アンサンブルには、リコーダーと撥弦楽器がよく合います。**

　同じ楽器のアンサンブルを「ホール・コンソート」と呼びます。リコーダーによるホール・コンソートは、非常に澄んだ美しい響きがします。手軽に美しいアンサンブルを楽しむことができるため、ルネサンスやバロック時代から広く家庭でも愛好されてきました。

　ホール・コンソートに対して、異なる楽器が混在したアンサンブルを「ブロークン・コンソート」、または「ミックスド・コンソート」と呼びます。リコーダーには、チェンバロやギター、リュートといった弦をつま弾く楽器(撥弦楽器)がよく合います。伸びやかなリコーダーの響きと和音を奏でながら消えていくチェンバロ、ギター、リュートの響きの相性がよいのでしょう。邦楽の尺八とお箏のアンサンブルの関係と似ています。

第3章 いろいろな奏法を
身に付けよう！
〜中級編

吉澤 実 La Strada（ホール・コンソート）

リコーダーとピアノを
きれいに合わせるコツは？

065

音量バランスとピッチに注意しましょう。

　ピアノとリコーダーのアンサンブルにおいては、注意したいポイントがあります。ピアノの音量はリコーダーより圧倒的に大きいため、バランスを取っていただけるよう、ピアニストにお願いしましょう。

　また、リコーダーのピッチは440Hz～442Hzですが、ピアノは442Hz～445Hzと高めに調律してあることもあるため、ピッチ合わせに注意しましょう。楽器を温めてピッチを上げることもできますが、あらかじめ高く調律されたリコーダーを使うことをお勧めします。リコーダー製作工房やメンテナンス工房でもピッチ上げの調整ができます。（P.136）

　ピアノとリコーダーのオリジナル作品は、それぞれの楽器の特徴を生かした素敵な作品も多いため、新たなレパートリーとして挑戦してみるのもよいでしょう。

o66 コンサートの魅力は？

 **音楽空間を演奏者と共有できることです。**

　コンサートに足を運んでプロの演奏に触れることは、リコーダーを楽しむ上で大変大きな力になります。

　豊かな表現、正確な音程とリズム、美しいハーモニー、優れたテクニック、ステージ上でのしぐさ等々、聴くほどに多くのことが学べるでしょう。練習したことのある曲がプログラムにあれば、さらにいろいろな発見があります。

　コンサートの大きな楽しみは、音楽空間を演奏者と共有できることです。バロックの演奏習慣のセンスを感じ、さまざまな様式を知るためにも、そして何よりも音楽に触れる喜びを感じるためにも、コンサートに行きましょう。

　茶道の言葉ですが、コンサートも「一期一会」といえましょう。一度だけの感動体験であるからこそ、音楽の深い悦びが生まれます。音楽は時間とともに消えるからこそ、その存在が強く残っていくのでしょう。

　できるだけ多くの演奏家のコンサートを聴いてほしいと思います。

吉澤 実＆栗コーダーカルテット（ブロークン・コンソート）

第3章　いろいろな奏法を身に付けよう！　〜中級編

o67 「マイナスワンCD」の活用法は？

 一人での練習の他、正しい音程やリズムの確認にも活用しましょう。

　「マイナスワンCD」とは、伴奏だけを録音したCDです。旋律のガイドが録音されたものもあります。チェンバロやオーケストラをバックに演奏する機会は少ないことや、バロックの作曲様式では通奏低音のバスとリコーダーの旋律が対話することが多いため、このCDは大変楽しめます。また、正しい音程、正しいリズムで演奏できているかどうかをチェックするためにも便利です。

　多くのリコーダー用マイナスワンCD付き楽譜が出版されています。楽譜を扱っている楽器店や楽譜専門店、インターネット通販でも入手できます。また、フルート用のマイナスワンCD付き楽譜も、リコーダーで演奏できるものが多くあります。

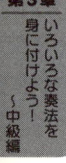

068 中級レベルで楽しめる曲を教えてください

 **ルイエのソナタの第1楽章〈アダージョ〉を演奏しましょう。**

　J．B．ルイエ・ド・ガンは多くのリコーダーソナタを曲集として出版しました。今日の愛好家も楽しめるすばらしい曲集となっています。ここでは18世紀に編曲された2重奏を紹介しましょう。

　このソナタは、イ短調の分散和音で始まるテーマが曲の全体を支配します。バロックソナタの典型的な様式で、テーマがいろいろな顔をして現れます。

　最初の4小節でテーマを起こし、5小節目からテーマが継承され、14小節目から転じて、25小節目から結びとなる、「起承転結」の分かりやすい構成です。

　たとえば、「（起）愛を語り、（承）懐かしみ、（転）幸せだった出来事を想い起こし、（結）最後に愛を再び語る」。…音楽を修辞的に表現し、言葉の無いドラマを語り、かつ、うたいましょう。

J. B. ルイエ「ソナタ イ短調 Op.1-1 第1楽章」

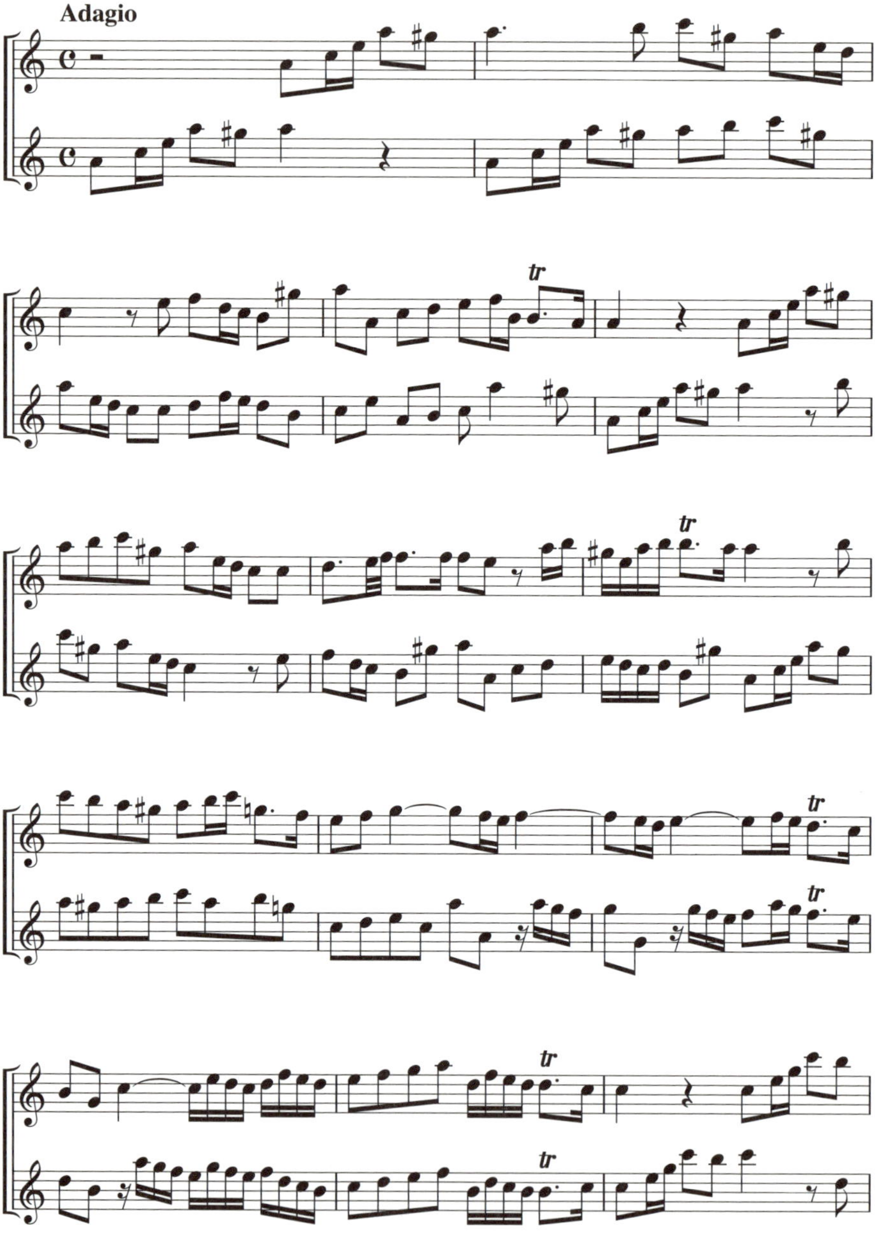

ベルカント奏法

　毎週のレッスンが苦痛だった。ぼくのリコーダーの師匠、フェリチタス・ケールドルファーの最初のレッスンから2ヵ月間、頬を膨らまして「ため息」のようにまず自然に息を吐く練習をさせられた。いつになったら曲を吹かせてもらえるのだろう…と思っていた。

　もちろんリコーダーで自然な呼気を音にする練習であることは分かっていた。フェリチタスの師匠はフランス・ブリュッヘンで、彼女もブリュッヘンのところで最初に「ため息」のレッスンを受けていたため、同じことをぼくにも教えたのだった。

　日本でフルートを専攻したぼくは、常にヴィブラートを付けて吹いていた。このヴィブラートをとるために毎回フーフーとやるのかと思っていた。おかげでヴィブラートは自然に無くなった。

　ブリュッヘンは年に何度かザルツブルクやミュンヘンへ演奏に来た。そのときはいつも夕食を一緒にした。ブリュッヘンもリコーダーでヴィブラートを付けて演奏していたが、レオンハルトやアーノンクールと演奏を共にしてオーセンティックな演奏習慣であるノンヴィブラートの必要性を感じ、ヴィブラートを取るために自分でこの「ため息」の練習をしたとのことだった。

　しかし、この練習は単にヴィブラートを取るだけの練習ではなかった。頬を膨らませて演奏するブリュッヘンの演奏法が不思議だったが、彼と酒を飲みながら話している途中でハッと気付いた。

　自然な呼気をそのままウィンドウェイに吹き込むとかなり強い音になる。ぼくたちはリコーダーを吹くための十分すぎる息の量を持っていることがわかる。何度もフーフーと繰り返すと、うるさい騒音のため徐々に身体とリコーダーの息圧のバランスを取るようになる。一度に息が出ないようするために歌をうたうときと同じような喉や身体の状態をつくり、吹き込み過ぎないことで、安定した息圧と音程が得

られるようになる。さらに、身体にリコーダーの音が共鳴していく。このことに気付いてから、これを「ベルカント唱法」の名をもじって「ベルカント奏法」と自分で名付けた。

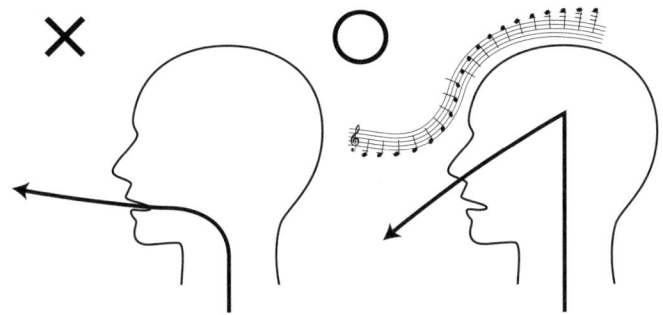

　つまり、この練習はヴィブラートを取るためでもあったが、同時に、リコーダーの音を身体に共鳴させる音づくりの基本的な練習でもあり、バックプレッシャー^(＊1)をエアーチャンバー^(＊2)に響かせるためのものであった。「息」という字を「自」分の「心」と書くように、その音は、声と同様にその人だけが持つ音となる。そして、率直に「自分の心」の音が、身体と身体に触れた空気に響きわたっていく。

＊1　バックプレッシャー（back pressure）：エッジに当たって口腔に跳ね返ってくる音波。
＊2　エアーチャンバー(air chamber)：「気室」のこと。人体の口腔、鼻腔、胸腔など（ヴァイオリン、ギター、ピアノの胴）。

1個の音符の中の即興性
「音楽は言葉のないドラマだ」

『カルミナ・ブラーナ』…。ぼくはこの作曲家であるカール・オルフの研究所の2年コースに在籍し、師の音楽と音楽教育について研究した。

音と言葉と身体の動きが三位一体となり、五感を通じて音楽を表現する音楽教育が研究テーマだった。修了論文は、ヘルダーリンやハイデッガーの理論とオルフの理論の共通点を論じた。この哲学的なアプローチは、担当教官のDr.レーグナーに声をあげて笑われた。音を書きとめる記号の文字と音符の共通点を論じたり、音符は表音文字と同時に表意文字でありその効果を利用した作曲様式があることなどを取り上げたりもした。

演劇台本のセリフに、「あ」という文字が書かれていたら、役者は、その「あ」は驚きであるのか、悲しみであるのか、喜びであるのか、嘲りであるのか、痛みであるのか、その場面にふさわしい「あ」を感じて、「あ」の一言を声に出す。それは楽譜における1つの四分音符を表現するのと同じことといえる。つまり、たった1つの四分音符の中に多くの即興性が潜んでいるのである。「演奏」を漢字では「演じて奏でる」と書くように、楽譜を読んで音表現する演奏家は台本を読んで音表現する役者に近い。即興というとメロディの即興をイメージするが、たった1つの音符の中にも限りない即興性がある。

師事していた4年間、ニコラウス・アーノンクールは、「音楽は言葉のないドラマだ！」と言い続けていた。音符に内在する即興性も音楽する喜びの1つである。カール・オルフの説く即興性とアーノンクールの説く即興性も帰するところは同じである。

第4章

ワンランク上の演奏を目指して！ 〜上級編

069 ソプラニーノを吹くコツは ありますか?

安定した呼吸と確実な運指を心がけましょう。

ソプラニーノはソプラノよりも完全4度高い音域をもつF管の楽器です。少しの息圧の変化でも音程に影響し、音孔も小さいため、安定した音で美しく演奏することが少々難しい楽器です。ヴィヴァルディがソプラニーノのための「協奏曲」を数多く遺しています

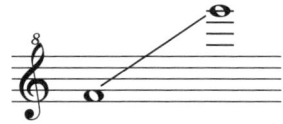

ソプラノリコーダーの標準音域

が、高音のため弦楽合奏の中でも際立って響きます。安定した呼吸と確実な運指を心がけて演奏しましょう。

NHKの番組音楽、映画音楽、CM音楽など、スタジオで録音する場合に、チューナーではピタッと音程が合っているにも関わらず、高音が少し低いといわれることがよくあります。つまり、心理的な現象として、高音は耳に低く感じるようです。ほんの少しピッチを高めにすると心地よく響きます。

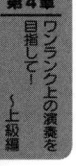

グレートバスやコントラバスを上手に吹くコツはありますか?

よく響く「スィートスポット」をみつけましょう。

　グレートバスは、バスよりも完全4度低いC管で、コントラバスは、バスよりオクターヴ低いF管の楽器です。

　これらの低音楽器は、アンサンブルの土台となる和音の根音を演奏することが多いため、正しい音程で演奏することが大切です。楽器によって運指が微妙に異なるため、楽器に付属している運指表で確認しましょう。

　また、バランスのよい息圧でよく鳴る「一点」、スィートスポットをみつけて響きを引き出しましょう。鈴木鎮一氏の著書『奏法の哲学』（全音楽譜出版社）にある「弦のよく響く一点」、「共鳴する一点」がスィートスポットです。

　なお、管中の空気の温度が低いとピッチも下がります。コントラバスは少し高めのピッチに作ってありますが、冬は早めにケースから出し、暖かな部屋の温度になじませましょう。

グレートバスリコーダーの標準音域

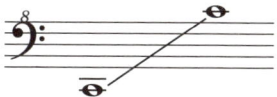

コントラバスリコーダーの標準音域

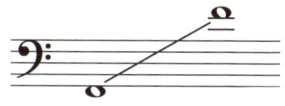

跳躍した音程を
うまく吹くコツはありますか？

まずスラーで練習するのが効果的です。

　音階（スケール）や分散和音（アルペジオ）は吹けても、4度以上に離れた音程を吹くのは難しい場合があります。とくに7度や1オクターヴあるいはそれ以上の跳躍音程は、なかなか難しいものです。

　オクターヴの跳躍は、サミングの技術もポイントになり、隙間が狭すぎるとビーと雑音が入り、隙間が大きすぎると鳴りません。

　サミングで発音する第2倍音以上の音は、発声の裏声と同じイメージで、頭声発声のように音を頭のポイントに息を当て発音することがコツです。（P.92）ハミングでうたうことによって、この感覚が理解できます。

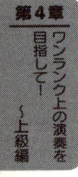

　アルトリコーダーの中音ソから高音ファの跳躍は、第1倍音から第3倍音への跳躍となり、クロスフィンガリングとサミングも加わるため難しい運指です。

　まずスラーで練習し、できるだけ弱い息で高いファの音を発音します。ヨーデルのような感じでスムーズにできるようになったら、やわらかなタンギングを加えて練習しましょう。

072 アルトの高音ファ♯（ソ♭）を きれいに出すコツはありますか？

足部管の開管部分を腿に当ててふさぐことで、 美しい高音のファ♯が生まれます。

　高音のファ♯（ソ♭）を出すには、特殊な技法を使います。

　高音のソ［∅1346（ア）］で、足部管の開管部分を腿のあたりに当ててふさぎ、閉管にします。運指表では［8］と表記し、［∅1346（ア）8］という運指になります。

　8の開管部をしっかりとふさぐことが必要なため、繊維の粗い布の衣類の場合は、セーヌ革や緻密な繊維の布を腿の上に置いて閉じましょう。

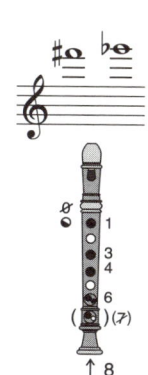

　あらかじめ高音のファ♯をチェックし、開管部を腿に近づけて準備をしておくとスムーズに吹くことができます。あわてて吹き口で歯を打たないように注意しましょう。

　J. S. バッハの「ブランデンブルク協奏曲 第4番」には高いミ・ファ♯・ソの順次進行があります。立って演奏する際、開管部［8］を腿でふさぐことができない場合は、ファ♯［∅45］の運指で対応しますが、高音のミからスラーでの演奏だけが可能です。

ミとファ♯がスラーのとき、［1 2］の指を離すだけで 演奏することができます。

99

073 標準音域外の高い音を出すコツは?

運指と息圧を工夫しましょう。

リコーダー音域は2オクターヴと1音が標準ですが、実際には一般の標準運指表にある音より高音を出すことができます。アルトの場合を例に挙げます。

- ・ラ♭　[Ø2356]　　　高音ソと同じよう簡単に出せます。
- ・ラ　　[Ø23568]　　高音ラ♭に[8]を加えると得られます。
- ・シ♭　[Ø12458]　　強めに吹きます。
- ・シ　　[Ø1245]　　 高音ミの5度上の倍音で、強めに吹きます。
- ・ド　　[Ø14][Ø1]　かなり強く吹きます。
- ・レ♭　[Ø148]　　　かなり強く吹きます。
- ・レ　　[Ø135]　　　かなり強く吹きます。

第4章

ワンランク上の演奏を目指して―

～上級編

楽器によって多少音程の微調整をすることが必要な場合もあるため、チューナーで確認しながら運指を工夫しましょう。これら超高音域は、強い息圧が必要なため、大きな音量になります。

超高音ドは、テレマンのへ長調のソナタ TWV41：F2の第3楽章に登場します。ブースケ(ブーケ)、リンデ、ブリュッヘンのエチュードには、超高音のファ♯やラ♭が登場します。超高音のレ♭とレはかなり難しく、音が出ない楽器もあります。

また、最低音ファから半音低いミの音は、[012345678]で得られます。この場合は、[8]に少し隙間を開けます。また、閉管の[012345678]を弱く吹くことで低いシ♭の発音が可能です。

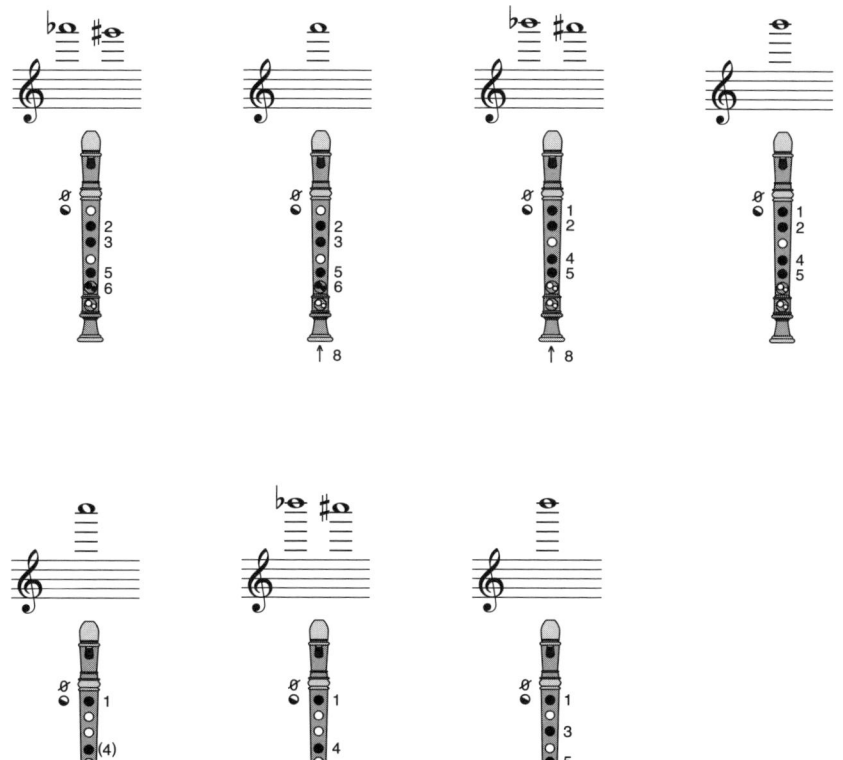

074 替え指を活用するポイントは？

弱い音や速いパッセージを演奏するときに便利です。

　リコーダーには、標準運指の他に「替え指」があります。

　リコーダーは、息圧を下げると音量が弱くなり音程も下がります。この欠点を利用して、ピッチが高くなる運指で息圧を下げることで弱い音をつくり、逆にピッチの低くなる運指で息圧を上げることで強い音をつくります。

　バロック音楽では通常、終止音を解決音として弱く演奏します。譜例の場合は、アルトのソに替え指［34］を用いることで終止音を弱く表現できます。

G. F. ヘンデル「ソナタ ハ長調 HWV315 第1楽章」より

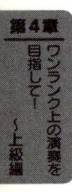

　また、標準運指では難しい速いパッセージを吹くときにも、替え指が役立ちます。

この音型をアルトの標準運指で吹くのは大変困難ですが、ファ［034
♂］、ミ♭［01134♂］、レ［013145♂］の替え指で、驚くほど簡単に吹
くことができます。この場合はファとレの音のピッチが少し高くなるた
め注意しましょう。

よく使うアルトの替え指の運指

ド	［0124567］	レのダブルフラット運指
レ	［013145♂］	ミのダブルフラット運指
ミ	［023］［02456］	ファのフラット運指
ミ♭（レ♯）	［01356］	少しピッチの高い運指
ファ	［034（6）］	少しピッチの高い運指
ソ	［34（6）］	少しピッチの高い運指

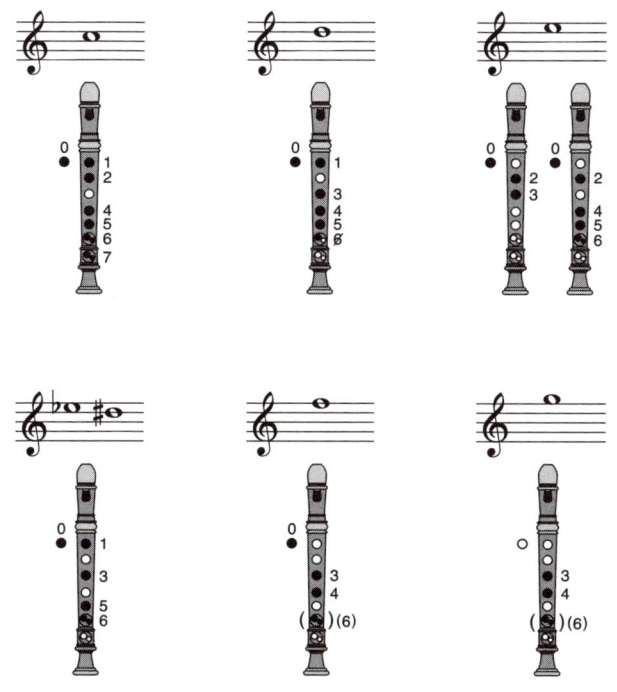

「トリプルタンギング」について教えてください

tukutu または tutuku のタンギング・シラブルを用います。

　三連符の速い演奏には「トリプルタンギング」を用います。

　tuku tuku のダブルタンギングに対して、トリプルタンギングは、tukutu tukutu 、または tutuku tutuku を使います。さらに速い場合は、tukutu kutuku を用います。

　1音目と2音目が跳躍音形の場合はtutukuを用いると発音しやすい場合があります。

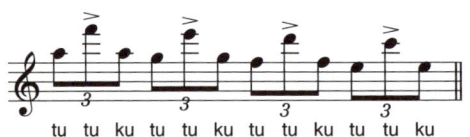

　次の音形の場合もtutukuを使ってみましょう。

第4章　ワンランク上の演奏を目指して！〜上級編

076 歴史書にみられるタンギング・シラブルについて教えてください

 **使用方法や時代によって変化しています。**

　タンギング・シラブルはそれぞれの国や時代により異なります。また、17、18世紀の発音が現代の発音と異なる場合もあります。

　たとえば、モリエール（1622–1673）の『町人貴族』の第2幕第4場に、「r」の発音は「舌先を上あごの先に当て…」とあり、オトテール（1674–1763）も教本で「舌を打つ（突く）coups de Langue」と記していることから、バロック時代のフランス語「r」の発音は現在の流音「r」の発音と異なっていることが分かります。

　また、ガナッシ（1492–?）が記述しているように、タンギングによってあたかも歌をうたうように、絵画に陰影を付けるようなニュアンスを奏者自身が工夫して表現することが大切です。

　詳しくはP.116をご覧ください。

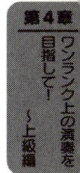

第4章　ワンランク上の演奏を目指して〜上級編

077 「イネガル」のコツはありますか?

画一的ではなく、「趣味よく」曲想に合わせます。

　ノート・イネガル(notes inégales)は、「不等奏法」または「不均等奏法」と訳されており、18世紀初頭からフランスを中心に流行した、演奏習慣です。

　極端な場合にはジャズ・スイングにおけるバウンズのようにも演奏しますが、18世紀の教本には、「趣味よく」と記述され、イネガルの長さは曲想やテンポなどによって異なります。

　フランスの作曲家の作品に限らず、フランス様式で書かれた作品にもイネガルを用います。

　下記は、オトテールの教本(1707年)の演奏例です。

ノート・イネガルとタンギング・シラブル

tu　tu　ru　tu　ru　tu　ru　tu　　tu

J. M. オトテール「プレリュード技法 Op.7」より

tu　tu　tu tu　tu　　tu ru tu ru tu ru tu tu

「フラットマン」について教えてください

指を使うため、「フィンガー・ヴィブラート」とも呼びます。

　フラットマン（Flattement）は18世紀の初頭にフランス宮廷で流行し、リコーダー、トラヴェルソ、オーボエ、弦楽器などで演奏されました。

　音を長く伸ばすとき、開いている音孔の淵をトリルのように打ってヴィブラートを作ります。音孔の近くで円を描くように指を動かしながら、ゆっくり始めて少しずつ速度をあげ、再びゆっくりにします（波形の図）。

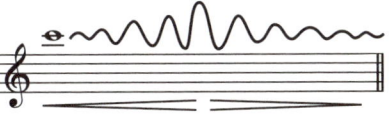

　音孔を覆うとピッチが下がりますが、下がった分だけ息圧を上げるとピッチも上がり、クレッシェンドになります。その逆の動きはデクレッシェンドになります。この方法によって、ヴィブラートを伴ったメッサディヴォーチェ（クレッシェンド、デクレッシェンドを続けて表現する）が表現できます。

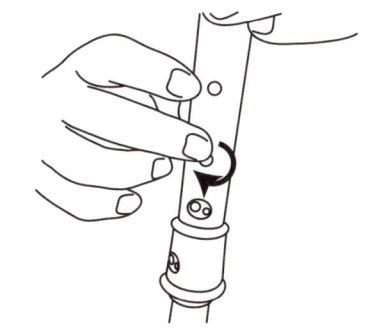

　運指については下記のホームページを参照しましょう。

The Woodwind Fingering Guide
　http://www.wfg.woodwind.org/recorder/rec_tr0_1.html

「スライディング」、「シェーディング」とは何ですか？

指をスライドさせて音孔に隙間をつくったり、かざしたりしてディミヌエンドやクレッシェンドする技術です。

　スライドは「すべる」こと、シェードとは「覆う」ことを意味します。

　たとえばアルトの中音ドをディミヌエンドしたい場合、息圧を少しずつ弱くしながら［1］の音孔に少しずつ隙間をつくります。隙間をつくるのは、音孔の上側がよいでしょう。

　中音ソ［2］は、スライドするより、手首をほんの少し回転することでスムーズに隙間をつくれます。

　最低音のファ［01234567］は、［7］の音孔に隙間をつくることでディミヌエンドします。

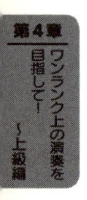

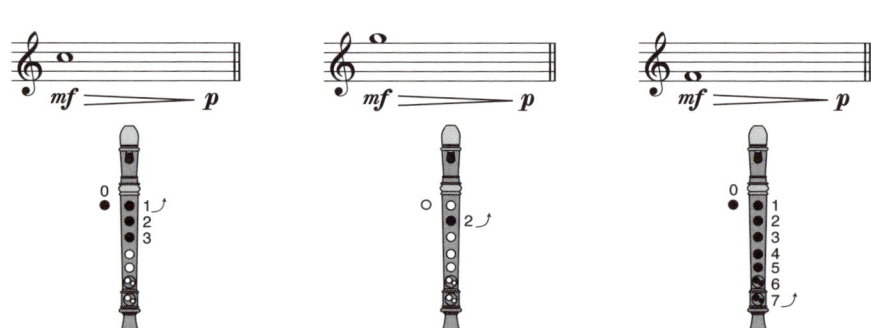

リコーダーにはどんな特殊奏法がありますか？

080

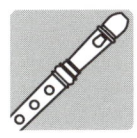

よく使われる特殊奏法を紹介しましょう。

【ホイッスルトーン】音孔を全開、あるいはアルトのソの音の運指［2］で、息圧をできるだけ下げると、ホイッスルのような超高音が得られます。のどを開き横隔膜で支えることがコツです。

【重音】2つ以上の音を一度に出す技法です。たとえば、アルトで低音シ♭の運指［0123467］を強く吹くと、倍音や雑音が付加して重音が生まれます。

【フラッターツング（フラッタータンギング）】巻き舌で吹くことで、回転音のような響きが得られます。

【グリッサンド】指をスライドして、音孔に隙間を開けたり閉じたりすることで音程を変化させます。

【ウィズヴォイス（ズームトーン）】声を出しながら吹く技法で、同じ音を声でうたう場合と、リコーダーの音と異なった声で和音をつくることもあります。声でグリッサンドしたり、メロディをうたう技法もあります。

【ウィンドシェード】頭部管のウィンドウ部に手のひらを当てて音程を低くしたり、こもった音や雑音、グリッサンドをつくったりします。

【タッピング】指で音孔を軽くたたいて音を出す技法です。

【バズィング】中部管の管口を使って、管楽器のマウスピースにバズィング（唇をふるわせること）するように吹きます。

【尺八奏法】中部管のジョイント部の角に息を当て尺八のように演奏します。

その他にもフラジョレット（ハーモニクス）、ホワイトノイズ、エオリアントーン、循環呼吸（P.112）、閉管奏法などがあります。

081 リコーダーで4分音を出せますか？

「4分音運指表」を参照してください。

　半音の半分は4分音［全音の1／4］、その半分は8分音［全音の1／
8］といい、これらを総称して微分音といいます。

　4分音運指表では、ドとド♯との間の4分音をドの1／4♯（ǂ）、ド♯
とレとの間の4分音をドの3／4♯（♯）と表記します。

　リコーダーでは明確に4分音が演奏できるため、現代曲によく使われ
ます。難しそうですが、4分音は面白いように明確に聴き取ることがで
きます。12音音階に慣れている現代人には、新鮮な響きを与えてくれ
ます。

　アルトリコーダーの4分音運指表を作成しました。右ページの運指表
を見て、練習してみましょう。

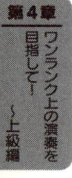
第4章
ワンランク上の演奏を
目指して―
～上級編

吉澤 実 アルトリコーダー 4分音運指表

$\dagger = \frac{1}{4}$ 音
$\sharp = \frac{1}{2}$ 音（半音）
$\sharp = \frac{3}{4}$ 音

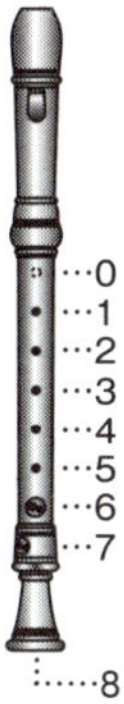

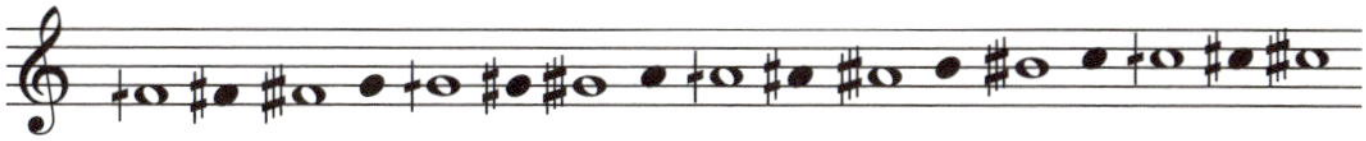

左手
0
1
2
3

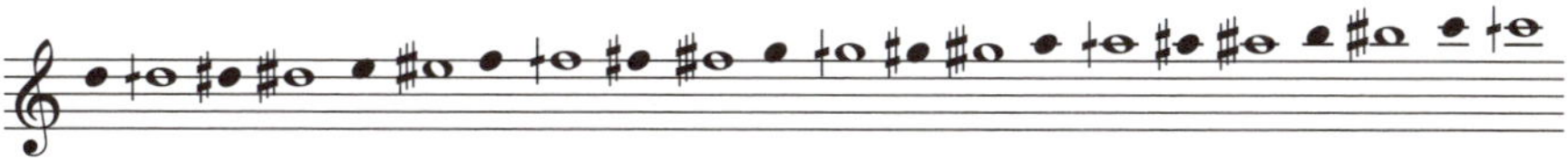

右手
4
5
6
7

......8

0 =サミング
6 ＞半開
7

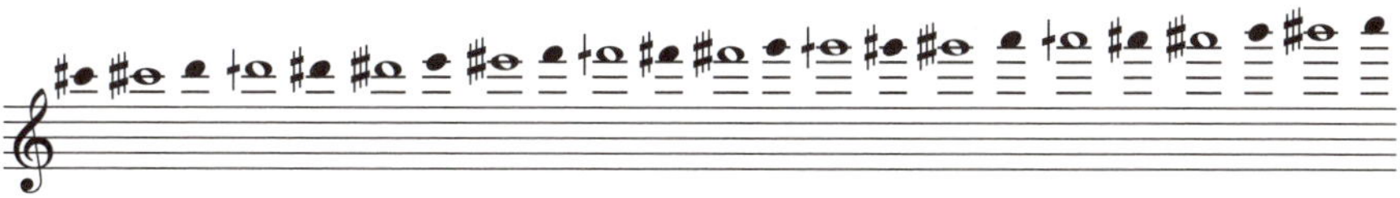

8 ＝8孔を腿にあてて閉管します。
（ ）＝楽器によって使用しない場合があります。

どのように循環呼吸を
したらよいですか？

082

口の中の息を押し出しながら同時に鼻から息を吸う練習をしましょう。

　循環呼吸とは、口から息を吐くと同時に、鼻から息を吸う特殊な呼吸法です。インドネシアのガムラン音楽で用いるスリンという縦笛は、リコーダーと同じ発音原理を持ち、循環呼吸で演奏します。途切れなく笛を演奏することによって、聴衆はトランス状態になりやすいそうです。スリンと違いリコーダーはウィンドウェイが広いため、循環呼吸で安定した音程を保つことはかなりのテクニックを要します。

　循環呼吸の練習には、ストローを使います。水を半分ほど入れたコップにストローで息を吹き込みます。肺の中の息が少なくなったとき、頬をふくらませて口の中に息を溜めます。成功すると、ストローから出る泡が途切れることなく続きます。

　リコーダーの場合はストローよりウィンドウェイが広いため、呼吸の瞬間に息の量が少なくなり、音量が弱くなってしまいます。このような場合弱い音の部分や、フレーズの切れ目で循環呼吸をするとよいでしょう。

第4章｜ワンランク上の演奏を目指して〜上級編

何度も繰り返します

083 バロック音楽の「装飾」を 覚えるにはどうしたらよいですか？

まずは「模倣」することから始めましょう。

　バロック音楽の演奏習慣の１つに「装飾」があります。

　たとえばトリル(tr、＋、〰)ですが、楽譜に表記がなくても、カデンツ(終止形)の導音はトリルで装飾することがバロックの演奏習慣となっています。また、作曲家が書いた音符をその通りに演奏するのではなく、ジャズのフェイクに似た自由な装飾法もあります。

(1)定型化された装飾(フランス式装飾)

　ポールドヴォワ(∨)やバットマン(ı)といった記号の示すように演奏します。

(2)自由な装飾(イタリア式装飾)

　演奏者が即興的にフレーズをフェイクし、アドリブします。

　装飾を覚えるひとつの方法は、ＣＤやコンサートで装飾を聴き、気に入った装飾を真似してみることです。同じ曲でも演奏家によってそれぞれ異なった装飾をしています。いろいろな演奏の模倣をすることで、装飾の方法が自然と身に付きます。

　自由な装飾法について理論的に学ぶ場合は、クヴァンツの『フルート奏法試論』やテレマンの『メトーディッシュ・ゾナーテン』を参考にしましょう。

短3和音を美しく合わせる
コツはありますか？

「差音」を調整することで、美しい響きをつくりましょう。

　長3和音、たとえばドミソは、ドの音に対してミの音を十二平均律より14セント低く、ソの音を2セント高くとることによって純正な和音が得られます。(P.65)

　それに対して、短3和音、たとえばラドミの場合は、ラの音に対してドの音を16セント高く、ミの音を2セント高くとれば純正な和音が生まれます。しかし、短3和音はラドミの周波数比が1：1.2：1.5になります。2オクターヴ低いファの「差音」が発生して、〔(ファ)ラドミ〕の和音になってしまいます。この場合、根音ラの音量を増やしたり、コントラバスで重ねたりして、差音を聴こえにくくする方法が最善です。

　短3和音が高音域のため、あまりに差音のファが大きく聴こえる場合は、短3度のドの音程を少し低めにすることで、半音低いミの音の差音を生み出し、「(ミ)ラドミ」の和音をつくります。

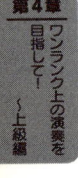

o85 古楽を演奏するにあたって、特に気を付けることはありますか？

当時の演奏習慣に学びましょう。

　リコーダーは、ルネサンスからバロック時代にかけて活躍し、19世紀にチャカン（フラジョレット）というキーが付けられたリコーダーに形が変わり、20世紀に復活した楽器です。そのため、リコーダーのオリジナル作品は古楽か現代音楽がほとんどになります。バロックやルネサンス時代の楽譜には、強弱記号もメトロノームによる速度表示もありません。ノート・イネガル（P.106）のように、当時の演奏習慣を学ばなければよい演奏は望めません。楽譜からの情報が少ないため、当時の演奏法に関する書物を参考にしましょう。

　新しい様式が始まる時期や古い様式が衰退した時期に、演奏法を説いた書物が出版されており、大変参考になります。ガナッシ、カッチーニ、クヴァンツ、エマヌエル・バッハ、アグリコーラ、トージ、マッテゾン、ジェミニアーニ、レオポルド・モーツァルト…などの著書が日本語に訳されています。

　同じ曲でも演奏するときには、いつも新しい発見があります。楽譜を演劇の台本と考え、音符を台本のセリフのように、「こうでなければならない」の替わりに「こうではないだろうか？」といつも試みることで、演奏の喜びを感じられればいいな…と思います。

歴史書にみられるタンギング・シラブル

　リコーダーを演奏するにあたってタンギング・シラブルは極めて大切な要素です。
ここでは数々の歴史書に示されているタンギング・シラブルを紐解いてみましょう。

■マルティヌス・アグリコーラ　Martinus(Martin) Agricola (1486-1556)
「ドイツの楽器」　Musica Instrumentalis deutsch, Wittenberg, 1529

　長い音符：de de de de.　短い音符：di ri di ri.（強di、弱ri）
　再版「ドイツの楽器」Musica Instrumentalis deutsch, Wittenberg, 1545
　de de de de.　di ri di ri.　telle lle lle lle lle lle le / le.(flitter zunge　ダブル・
タンギング)

■シルベストロ・ガナッシ　Sylvestro Ganassi Dal Fontego（1492-?)
「フォンテガーラ」　Oper intitulata Fontegara la quale insegna a sonare di flauto
chon tutta l'arte opportune a esso instrumento massime il quale sara utile ad ogni
instrumento di fiauto et chorede; et anchora a chi si dileta di cant…,Venezia ,1535

　順(＝前)方向の舌づかい＝強いlingua dretta[diretta]（舌が歯根に当たる［ス
トレート]）
　反転(＝逆)方向の舌づかい＝弱いlingua riversa（舌が上口蓋に当たる）

　第1形　強く・硬く(crudo & aspro)
　　　　　Teche　teche　teche　teche　teche
　母音変化　Tacha　teche　tichi　tocho　tuchu
　子音変化　dacha　deche　dichi　docho　duchu

　第2形　中庸の強さ(mediocre)　　　　　　　速いテンポ
　　　　　Tere　tere　tere　tere　tere　　dar ter tir tor tur
　母音変化　Tara　tere　tiri　　toro　turu　　dar der dir dor dur

子音変化　dara dare dari daro daru 　　char cher chir chor chur
　　　　　　chara chare chari charo charu 　　ghar gher ghir ghor ghur

第3形　快活で滑りのよい(piacevole & plane)　　速いテンポ
　Lere lere lere lere lere 　　　　　　lar ler lir lor lur
　Lara lere liri 　loro luru

58種類のシラブルを例に、奏者が自ら発音しやすいタンギング・シラブルをみつけることの必要性と、速いテンポでは母音ではなく、子音を明確に発音するように記述しています。

■ジロラモ・ダラ・カーサ　Girolamo Dalla Casa（? –1601）
「真の方法」 Il vero modo di diminuir, con tutte le sorti di stromenti di flauto & corda, & di voce humana, Venizia, 1584

3種類のタンギング・シラブル(Esempio delle tre sorti di lingue)
反転の舌づかい＝弱い(lingua riversa)
軟らかな (dolce)　ler ler ler
中間の(mediocre) der 　ler
少し強い(piu crudo) ter ler 　teretere

順の舌づかい＝強い(lingua dretta)　tere tere

粗野で強い(far terribilta)　teche teche

■フランチェスコ・ロニョーニ　Francesco Rognoni (?–1626)
「パッセージの森」 Selva de vari passage, Parte seconda, ove si tratta dei passaggi dificilli, per gl'instromenti del dal l'archata, portar della lingua, diminuire di grado in grado, milano, 1620

ほとんどのシラブルはダラ・カーサと同じですが、lingua riversa（反転の舌づかい＝弱い）のlere lere を tere lereにしています。

■マラン・メルセンヌ　Marin Mersenne (1588–1648)

「宇宙の調和」　Harmonie Universelle, Livre cinquiesme, Paris, 1636–7

付点音符：ta ta ra ta　　　16分音符：ra ta ra ta

■バルトロメオ・ビスマントヴァ　Bartolomeo Bismantova（?）

「音楽概論」　Compendio Musicale, Ferrara, 1677

リコーダー：de de re le　de re le re de　deche deche
コルネット：te te re le　te re le re te　teche teche
リコーダーはde、コルネットはteのシラブルを使います。

■ジャック・マルタン・オトテール　Jacques Martin Hotteterre (1674–1763)

「フルート、リコーダー、オーボエの基本（原理）」　Les Principes de la flute
traveriere ou flute d'Allemagne, de la flute a douce, et du haud-vois, Paris, 1707

tu tu　基本のタンギング（等奏法）coups de Langue ＝舌突き（打ち）
ru tu ru tu　（不等奏法）ポワンテpointer ＝付点を付けて
不等奏法はポワンテ"pointer"（ノート・イネガルnotes inégales〔仏〕）といい、
連続する音符を長短ru tuと不等に演奏します。

■ジャン・クリスチャン・シクハルト　Jean Chrestien Shickhardt（ca.1682–ca.1762）

「リコーダーの基礎」　Principes de la Flute avec Quarante deux Airs a 2 Flutes,
Amsterdom 1720

tiは短くriは長い音符に用います。ri ti はオトテールのru tuに類似します。

■ヨハン・ヨアヒム・クヴァンツ　Johann Joachim Quantz（1697-1773）
「フルート奏法」 Versuch einer Anweisung die Flöte traversiere zu spielen,
Berlin,1752 /Breslau, 1789
「ソルフェージュ」 Solfeggi pour la Flute Traversiere avec L'enseignement,
Dresden, Berlin, 1721-42

第1形　ti di,
ti は、短く均等に演奏し、生き生きした速いテンポに用います。
di は、ゆっくりしたテンポに用いますが、付点音符には ti を使います。

第2形　ti ri,
ti は短く ri は長い音符に、ri は常に強拍で ti は弱拍の音符に使います。
ri ti はオトテールの ru tu に類似します。

第3形　did' ll
ti ri の場合、アクセントは ri の第2音節にありますが、did' ll は第1音節の di に
あります。

■フランソワ・ドヴィエンヌ　Fançois Devienne（1759-1803）
「**フルートのための新しい理論と実際**」 Nouvelle Méthode Théorique et Pratique
pour la Flute,1794
基本は tu のシラブルを用います。te や ta は口が開いてしまうため使いません。
ダブルタンギングの tourou や turu は舌が空回りするため、dougue dougue
を用います。

斉藤恒芳リコーダー名曲誕生秘話

　「ヤマハ大人の音楽レッスン」のリコーダーアンサンブルのテキストとインストラクターズマニュアルを書き、インストラクターも養成してきた。ぼく自身も銀座ANNEX、横浜、千葉の教室で講師をしている。ある日、日焼けしたモダンなセンスの青年が入会してきた。

　火曜日の午前中のクラスで、メンバーのほとんどが初心者のため、毎回それぞれ自分が演奏できる簡単な曲を作曲する宿題を出していた。楽典を覚え、かつ、指づかいを覚えるだけでなく、自作の音楽を書き残していくことで自分自身の成長過程をみる楽しみができると考えたためだ。その青年も自分でできる範囲の曲を作曲してきた。華麗なピアノ伴奏がついていた。難しい伴奏のため「ぼくは弾けないな…」と言うと、「ぼくが弾きますから、先生！吹いてください！」と彼。演奏してみると、深遠な美しい曲だった。そこで、「専門は？」と聞くと、「作曲です！」とのことで驚いた。「大学は？」と聞くと、芸大とのこと。そこで、さっそくメンバー1人500円ずつ出し合って新作を委嘱することを提案した。それが、「4つのタブロー」というリコーダー4重奏曲である。名曲が生まれた！初演は彼がテノールを吹き、第一生命ホールで演奏した。MYROT（Mino-Yoshizawa Recorder Orchestra Tokyo）が主催したリコーダーフェスティバルだった。リコーダー愛好家で満員の会場から熱い拍手が沸き起こった。そのうち、メンバーの中から「斉藤さんって…『クライズラー＆カンパニー』のキーボードの斉藤さんかも…」と噂が広まった。ぼくは何も知らずにおり、「7つのタブロー」を作曲してくれた頃、宝塚歌劇やミュージカル作品、多くのテレビドラマの音楽なども作曲していることを知った。ある日「先生！今朝できました」と「火曜日の朝に」という曲を持ってきた。銀座ANNEXの火曜日の朝のクラスのための作品であった。心温まる小品で目頭が熱くなった。その後、「優雅に叱責する自転車」、「ダンス・クロニクル」、「キンダーブック」、「タンゲーラ」、3月11日の東日本大震災の心象を作曲した「ラプソディック・アレゴリー」と続き、現在は「華麗なる鼻血」という題の作品を作曲中である。そして、今ではMYROTと銀座ANNEXの土曜クラスで少年のようにリコーダーを楽しんでいる。

　彼はぼくと同じ静岡出身で、ぼくが中学のときにフルートを習った成田さんに作曲を習っていたことを知り再び驚いた。名曲誕生の秘話である。

第5章

さあ、ステージへ！

～発表会編

発表会でアガらないで
上手に演奏するコツはありますか？

o86

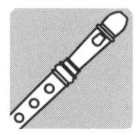

ホイッスルトーンによって落ち着きましょう。

　リコーダーの練習をしていると、ふと人前で演奏してみたくなることがありませんか？そんなとき、参加できる機会があれば、ぜひ練習の成果を披露しましょう。

　まず、家族やお友達を誘ったファミリーコンサートはいかがでしょうか？　音楽教室の発表会もよい機会です。人前で演奏することは、音楽を通して人とつながることになります。音楽を通して心と心が触れ合うことが尊いことであって、上手下手は大きな問題ではありません。

　緊張もするでしょうし、練習が少し負担に感じるかもしれませんが、演奏後の達成感には格別のものがありますし、コンサートによって演奏技術も驚くほど向上します。

　人前での演奏に緊張はつきもので、誰でも最初はアガるものです。ドイツではステージに出る前、「トイトイトイ」とオマジナイをかけますが、日本では「人を呑む」という洒落で、手のひらに「人」という字を3度書いて呑む真似をしたりします。効果のあるオマジナイをすることも、精神を安定させることに役立ちますが、ぼくの場合は、ホイッスルトーン（P.109）で横隔膜の支えを安定させると、身体的にも精神的にも落ち着きます。

　また、緊張感があってこそ、よりよい演奏ができるため、緊張を上手に利用することも大切です。

087 発表会の準備はどれくらい前から
始めればよいですか？

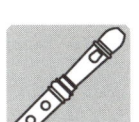
1年から半年前には準備を始めましょう。

　グループのコンサートの場合はそれぞれの担当者を決めて、係を分担
しましょう。

1年前（半年前）
- ・各係の決定（会場予約、チラシなど広報、チケット、会計、受付など）
- ・会場の予約（コンサート日の決定）
- ・練習会場の予約
- ・演奏曲目の決定
- ・各曲の練習計画
- ・ポスターやチラシ、チケット（必要ならば）作成の準備
- ・チラシの作成と配布（2〜3か月前）
- ・チケットの販売や配布（必要ならば）

2ヵ月前
- ・衣装の決定
- ・招待状の送付

1ヵ月前
- ・会場との打ち合わせ
- ・コンサート当日のタイムテーブルの作成
- ・プログラムの作成
- ・ステージマネージャーの手配
- ・受付係、ドア係の手配
- ・司会、影アナの手配
- ・録音と撮影の手配

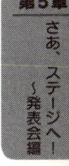
第5章 さあ、ステージへ！〜発表会編

O88　会場の決め方のコツはありますか？

場所、大きさ、響きなどを総合して決めましょう。

　人気のある会場は抽選で決める場合が多いため、早めに準備することが必要です。音楽専用ホールだけでなく、公民館や個人所有のホール、スタジオなどもインターネットの検索でみつけることができます。予約をする前に実際に会場を訪れて響きなどを確認しましょう。ポイントは次のとおりです。

確認事項

- ・会場までのアクセス
- ・会場の大きさ（ステージの広さ、客席数）
- ・会場の響き
- ・会場の使用料
- ・会場の使用可能時間
- ・非常口
- ・リハーサル室数、楽屋数
- ・譜面台の有無（有料の場合の使用料）
- ・照明や音響機材（有料の場合の使用料）
- ・椅子（有料の場合の使用料）
- ・チェンバロやピアノの使用料
- ・駐車場の有無
- ・開場前に来場したお客様の待つスペースや休憩スペース
- ・地震などの場合にお客様を誘導できる避難所
- ・親子席の有無

089 発表会のプログラムを決める コツはありますか？

 **余裕をもって演奏できる曲を選びましょう。**

　発表会は、演奏を通した交流会と考え、演奏したい曲を優先しながら、技術的に余裕をもって演奏できる曲を選びましょう。

　それぞれ個人でソナタなどを演奏する発表会の場合、指導者はイタリア、フランス、ドイツ、イギリス作品など、バランスよく選曲してプログラムを組み立てましょう。

　リコーダーアンサンブルやリコーダーオーケストラのようなグループのコンサートの場合は、プログラムは時代考証をして、中世、ルネサンス、バロック、近代、現代作品の歴史順に組むとよいでしょう。

　また、前半をクラシック、後半をポップス系、ディズニーとアニメ作品、日本曲のシリーズ、ルネサンスから現代作品…など、テーマやコンセプトを明確にすることも大切です。

　コンサート全体を一枚の絵と仮定すると、全体がバランスよく額縁の枠内に収まるように構成し、かつ、全体が「起承転結」をもつドラマのような展開になるようプログラミングしましょう。

発表会で著作権料の支払いは発生しますか？

 営利を目的とせず、入場無料で出演者への報酬が生じない場合であれば、著作権料を払う必要はありません。

　音楽には、作曲者と作詞者に著作権があり、演奏したり歌ったりするには、著作権者、あるいは著作権管理団体（JASRAC等）に著作権料を支払わなければなりません。しかし、リコーダー愛好家が発表会を開く場合、上の条件にあてはまることが多く、著作権料を支払う必要のないことがほとんどです。これは著作権法（第38条1項）に、非営利で入場無料や出演料が無い場合は、著作権料の支払は必要ないと記されているためです。

　また、著作権は著作者の没後50年で消滅するため、該当する作曲家の作品も著作権の問題が生じません。そのため、バッハやモーツァルトの曲を演奏しても著作権料を支払う必要はありません。

　著作権料が発生するかどうかはインターネットでも検索できますし、分からなければまずはJASRACに問い合わせてみましょう。

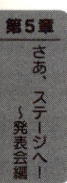

発表会の衣装を選ぶ
コツはありますか？

 **デザインはコンサートの目的や演奏曲目に合わせましょう。**

　ファミリーコンサートであれば、ジーンズでもよいのですが、グループでの発表会の場合は、ある程度の衣装合わせをしたほうがよいでしょう。

　たとえば、男性はダークスーツ、女性は明るいブラウスにダークのスカートや、全員がジーンズにお揃いのＴシャツなどもいいかもしれません。

　プログラムによっては、前半と後半で衣装を変えることにより雰囲気に変化が付きます。

　ステージに立つため、口紅も付けたいと悩む女性は少なくないようです。樹脂製リコーダーでしたら拭くことができますが、木製リコーダーの場合は楽器に色が付着しないように気を付けましょう。

　ハイヒールも演奏に支障が出ない高さであればよいと思います。ふだん履き慣れないため、体が不安定になる場合は履かない方がよいでしょう。

　なによりも大切なことは、呼吸しやすく演奏しやすい服装であることです。

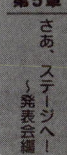

第5章
さあ、ステージへ！
〜発表会編

092 発表会で忘れ物をしない コツはありますか?

 **チェックシートを作成しましょう。**

　アンサンブルグループの発表会をモデルとして、共通の持ち物を挙げました。

☐楽器

☐楽譜（必要な場合はパート譜を作成）、譜面カバー

☐譜面台（会場に無い場合）

☐楽器のメンテナンス道具（掃除用布、掃除棒、グリスなど）

☐チューナー、メトロノーム

☐筆記用具

☐ステージ衣装

☐靴

☐アクセサリー

☐化粧品

☐眼鏡、コンタクトレンズの予備

☐タイムテーブル

☐各係に必要な書類や機材

☐歯みがきセット

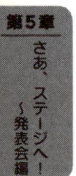

第5章
さあ、ステージへ！
〜発表会編

発表会の運営をスムーズにする コツはありますか？

それぞれの係を決めて活動しましょう。

【開演前の仕事】

・ステージのセッティング（椅子・譜面台の設置）

・照明、音響（マイクの確認）

・撮影

・楽屋の割り振り

・タイムテーブルや楽屋使用者名の掲示

・貴重品の管理

・非常口の確認

・飲食テーブルのセット、ごみ袋の設置

・受付などの準備（テーブル、プログラムやチラシなど）

・お客様の誘導（雨天などの場合に濡れないように配慮）

【終演後の仕事】

・会場費の支払や各種の清算

・使用器具や機材の撤収

・ごみ袋の片付け

・いただいたお花や差し入れなどの分配

・打ち上げ（反省会）

・後日、お客様への御礼（電話、葉書）

・後日、来場者名簿の作成

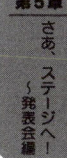

第5章

さあ、ステージへ！ 〜発表会編

129

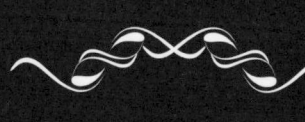

第6章

もっと知りたい！

～資料編

リコーダーの名曲には
どんなものがありますか?

094

 **ヘンデルのリコーダー・ソナタ、ヴィヴァルディのリ
コーダー協奏曲などがあります。**

　ヘンデルの6曲のリコーダー・ソナタは、重要なレパートリーになっています。(HWV360、362、365、367a、369、377)

　また、テレマンのリコーダー・ソナタやトリオ・ソナタ、協奏曲は、どれを聴いてもドラマティックな世界に引き込まれます。([ソナタ] TWV 41：a4、41：c2、41：c5、41：d4、41：f1、[トリオソナタ] TWV 42：a1、42：a4、42：a6、42：c2、42：d1、42：f2、42：F8、42：F15、[協奏曲] TWV 51：c1、51：F1、52：a1、55：a2)

　ヴィヴァルディの「リコーダー協奏曲」は、強烈な光と影、激しい運動性と名人芸に満ちていて、アルトとソプラニーノ協奏曲 RV.443は聴く者を虜にしてしまいます。(RV. 86、108、441～445)

　J. B. ルイエは、非常に多くの「リコーダー・ソナタ」(Op.1～4)を作曲しました。親しみやすく、メロディの美しい作品が数多くあります。

　オトテールは、ヴェルサイユ宮殿で活躍した作曲家で、プレリュード技法や教本なども出版しました。組曲は優雅な憂いをたたえています。

　J. ファン・エイクの「笛の楽園」は孤高の光を放っています。

　J. S. バッハの作品についてはP.134をご覧ください。

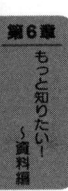

095 リコーダー音楽の重要な作曲家は誰ですか？

重要な作曲家として、テレマン、ヘンデル、ヴィヴァルディ、J. S. バッハ、オトテールが挙げられます。

　上記5名の他に、J. ファン・エイク、G. サンマルティーニ、J. Ch. ペープシュ、R. ヴァレンタイン、H. パーセル、J. E. ガリアルド、J. Ch. シックハルトなどが知られています。

　イタリアの初期バロックの作曲家では、カステッロ、フォンタナ、フレスコバルディ、チーマが挙げられます。

　ルネサンス時代にはH. イザーク、T. スザート、A. ホルボーン、J. ダウランド、W. バード、T. モーリー、M. プレトリウス、C. ジェルヴェーズなどがすばらしい作品を遺しています。

　日本にも現代の優れた作曲家がたくさんいます。廣瀬量平（1930-2008）は、すばらしい作品を遺しています。代表作は「メディテーション」（独奏）、「オード」（二重奏）、「ラメンテーション」、「イディール」（四重奏）などです。詳細はぼくの作成した「邦人リコーダー作品リスト」（http://www1.ocn.ne.jp/˜mino/japcompslist.html）をご覧ください。

096 バッハはどんな作品に リコーダーを用いていますか?

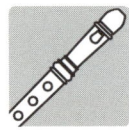
ブランデンブルク協奏曲第2番と第4番、その他多くの カンタータにリコーダーが用いられています。

　まずは、ブランデンブルク協奏曲、カンタータ106、182番を聴きましょう。他にもリコーダーが用いられている楽曲は多くあります。

[カンタータ]

BWV 13	《わがため息、わが涙》	Meine Seufzer, meine tränen
BWV 18	《天より雨雪降るごとく》	Gleichwie der Regen und Schnee vom Himmel fällt
BWV 25	《わがからだ健やかならず》	Gleichwie der Regen und Schnee vom Himmel fällt
BWV 39	《飢えたる者にパンを分かち与えよ》	Brich dem Hungrigen dein Brot
BWV 46	《心して見よ、苦しみあるやを》	Schauet doch und sehet, ob irgendein Schmerz sei
BWV 65	《かれらみなサバより来たらん》	Sie werden aus Saba alle kommen
BWV 69a	《わが魂よ、主を讃えよ》	Lobe den Herrn, meine Seele
BWV 71	《神はわが王なり》	Gott ist mein König
BWV 81	《イエス眠りたまえば、われ何に頼るべき》	Jesus schläft, was soll ich hoffen
BWV 96	《神のひとり子たる主キリスト》	Herr Christ, der einge Gottessohn
BWV 103	《汝ら泣き叫ばん》	Ihr werdet weinen und heulen
BWV 106	《神の時こそ最上の時》	Gottes Zeit ist die allerbeste Zeit
BWV 119	《エルサレムよ、主を讃えよ》	Preise Jerusalem, den Herrn
BWV 122	《新たに生まれしみどり児》	Das neugeborene Kindelein
BWV 127	《まことの人にして神なる主イエス・キリスト》	Herr Jesu Christ, wahr' Mensch und Gott
BWV 152	《信仰の道を歩め》	tritt auf die Glaubensbahn
BWV 161	《来たれ、甘い死の時よ》	Komm, du süße Todesstunde
BWV 175	《彼は羊の名を呼びたもう》	Er rufet seinen Schafen mit Namen
BWV 180	《おお愛する魂よ、汝を飾れ》	Schmücke dich, o liebe Seele
BWV 182	《天の王よ、よくぞ来ませり》	Himmelskönig, sei willkommen
BWV 208	《狩りはわが悦び》	Was mir behagt, ist nur die muntre Jagd

[声楽曲]

BWV 243a	マニフィカト 変ロ長調	Magnificat in Es-Dur
BWV 244	マタイ受難曲	Matthäuspassion
BWV 249	復活祭オラトリオ	Oster-Oratorium

[器楽曲]

BWV 1047	ブランデンブルク協奏曲 第2番 ヘ長調	Brandenburgischen Konzert Nr.2 in F-Dur
BWV 1049	ブランデンブルク協奏曲 第4番 ト長調	Brandenburgischen Konzert Nr.4 in G-Dur
BWV 1057	チェンバロ協奏曲 第6番 ヘ長調	Cembalo Konzert Nr.6

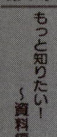

リコーダーの名演奏家について教えてください

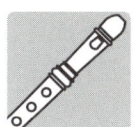

1970年代までにブリュッヘン、リンデ、マンロウが登場し、そこから数々の演奏家が育っています。

オランダのフランス・ブリュッヘン(1934*)については歴史上の重要な奏者の項(P.11)で紹介しましたが、その他特筆すべき人物としてリンデとマンロウが挙げられます。

ドイツ生まれでスイスのバーゼル・スコラ・カントルムの学長になったハンス・マルティン・リンデ(1930*)は、個性的なブリュッヘンに比べると、学者肌の理論家で、アカデミックな演奏という印象があります。作曲家でもあり、「Music for a Bird」(1968)はリコーダーの現代奏法を開拓し芸術的に高めました。

イギリスのデイヴィッド・マンロウ(1942-1976)は、精力的に中世やルネサンス音楽の研究に取り組み、貴重な演奏の録音を遺しました。1976年に33歳で急逝しましたが、マンロウのもとからは多くの演奏家が育ち、イギリスにおける古楽演奏の礎となりました。

ブリュッヘン、リンデ、マンロウの3人は、それぞれが個性の輝きを放ちながら、1970年代までのリコーダー演奏を牽引しました。その後、3人のもとから多くの後進が育ち世界で活躍しています。

邦人リコーダー現代作品は、La Stradaのコンサートをお聴きください。ぼくが主宰しているアンサンブル・ユニットです。新たな道を切り拓いていきたいと思い、「Strada」=「道」と名付けました。委嘱した作品を初演しています。その場でしか体験できない特別な時間と音空間を共有する喜びを感じていただければ幸いです。

098 木製リコーダーはどこで
購入すればよいのでしょうか？

主な楽器店、製作家をご紹介しましょう。

　木製リコーダーは楽器店、リコーダー工房、製作家から購入できます。また、インターネットで外国のメーカーにも注文できます。メンテナンスは、原則として購入先で受け付けますが、メーカーに関わらずメンテナンスを受け付けている製作家には、［M］と記載しました。

【ヤマハ】
・ヤマハミュージック北海道　札幌店

　〒064-0810　北海道札幌市中央区南10条西1-1-50ヤマハセンター1F
　Tel.011-512-6124

・ヤマハミュージック東北　仙台店

　〒980-0811　宮城県仙台市青葉区一番町2-6-5　Tel.022-227-8517

・ヤマハミュージック関東　新潟店

　〒950-0082　新潟県新潟市中央区東万代町1-30　Tel.025-243-4311

・ヤマハミュージック東京　銀座店

　〒104-0061　東京都中央区銀座7-9-14　Tel.03-3572-3134

・ヤマハミュージック東京　横浜店

　〒220-0005　神奈川県横浜市西区南幸2-5-9　Tel.045-311-1201

・ヤマハミュージック東海　名古屋店

　〒460-8588　愛知県名古屋市中区錦1-18-28　Tel.052-201-5153

・ヤマハミュージック中四国　広島店

　〒730-8628　広島県広島市中区紙屋町1-1-18　Tel.082-244-3780

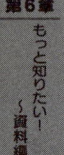
第6章　もっと知りたい！〜資料編

・ヤマハミュージック大阪　心斎橋店
　〒542-0085　大阪府大阪市中央区心斎橋筋2-8-5　Tel.06-6211-8115
・ヤマハミュージック九州　福岡店
　〒810-0001　福岡県福岡市中央区天神1-11-17　Tel.092-721-7633
※この他、全国の楽器店でも取り扱っています。

【古楽器、リコーダー】
・ギタルラ社（東京古典楽器センター）
　〒161-0033　東京都新宿区下落合3-17-49　Tel. 03-3952-5515
・アンリュウリコーダーギャラリー
　〒559-0003　大阪市住之江区安立3-8-12　Tel.06-6678-1011

【個人製作家】
　製作家と直接相談して行うため、きめ細かな注文ができます。製作モデルや値段についてはそれぞれの工房にお問い合わせください。

平尾リコーダー工房（平尾重治）
　http://www.hirao-recorder.com/entrance/Top.html

石舘知子［M］
　Tel.046-648-5237

中野聖子［M］
　Tel. 090-9085-3464

譜久島譲［M］
　Tel.042-998-2736

エボニーズ・プロジェクト（吉澤 徹）［M］
　Tel.080-5082-3132

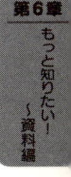

第6章
もっと知りたい！
〜資料編

リコーダーのコンサートに適したホールは？

099

 奏者の息づかいが感じられる小ぶりなホールがよいでしょう。

ぼくがお勧めするホールの一部をご紹介しましょう。

■**札幌コンサートホール Kitara**
　〒064-8649　札幌市中央区中島公園1-15　Tel.011-520-2000

■**函館市芸術ホール　ハーモニー五稜郭**
　〒040-0001　函館市五稜郭町37-8　Tel.0138-55-3521

■**ヤマハホール**
　〒104-0061　東京都中央区銀座7-9-14　Tel. 03-3572-3139

■**白寿ホール**
　〒151-0063　東京都渋谷区富ヶ谷1-37-5　Tel.03-5478-8867

■**東京オペラシティリサイタルホール**
　〒163-1403　東京都新宿区西新宿3-20-2　Tel.03-5353-0788

■**浜離宮朝日ホール**
　〒104-0045　東京都中央区築地5-3-2　Tel.03-5541-8710

■**紀尾井ホール**
　〒102-0094　東京都千代田区紀尾井町6-5　Tel.03-5276-4500

■**東京文化会館小ホール**
　〒110-8716　東京都台東区上野公園5-45　Tel.03-3828-2111

■**津田ホール**
　〒151-0051　東京都渋谷区千駄ヶ谷1-18-24　Tel.03-3402-1851

■**近江楽堂**
　〒163-1403　東京都新宿区西新宿3-20-2東京オペラシティ3F　Tel.03-5353-6937

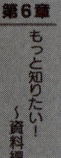
第6章
もっと知りたい！
〜資料編

■杉田劇場（横浜市磯子区民文化センター）

〒235-0033　横浜市磯子区杉田1-1-18（らびすた新杉田4階）　Tel.045-771-1212

■横浜みなとみらいホール

〒220-0012　横浜市西区みなとみらい2-3-6　Tel.045-682-2020

■川口総合文化センター リリア

〒332-0015　埼玉県川口市川口3-1-1　tel.048-258-2000

■水戸芸術館コンサートホール

〒310-0063　茨城県水戸市五軒町1-6-8　Tel.029-227-8111

■都留市文化ホール 都の杜うぐいすホール

〒402-0053　山梨県都留市上谷1888-1　Tel. 0554-43-1515

■魚沼市小出郷文化会館

〒946-0023　新潟県魚沼市千溝1848-1　Tel. 025-792-8811

■ザ・ハーモニーホール（松本市音楽文化ホール）

〒390-0851　長野県松本市島内4351　Tel.0263-47-2004

■静岡音楽館ＡＯＩ

〒420-0851　静岡県静岡市葵区黒金町1-9　Tel.054-251-2200

■三井住友海上しらかわホール

〒460-0008　愛知県名古屋市中区栄2-9-15　Tel.052-222-7110

■安土文芸セミナリヨ

〒521-1321　滋賀県近江八幡市安土町桑実寺777　Tel.0748-46-6507

■いずみホール

〒540-0001　大阪府大阪市中央区城見1-4-70　Tel.06-6944-2828

■兵庫県立芸術文化センター

〒663-8204　兵庫県西宮市高松町2-22　Tel.0798-68-0223

■ザ・フェニックスホール

〒530-0047　大阪市北区西天満4-15-10　Tel.06-6363-0311

■宝塚ベガホール

〒665-0836　宝塚市清荒神1-2-18　Tel.0797-84-6192

■霧島国際音楽ホール（みやまコンセール）

〒899-6603　鹿児島県霧島市牧園町高千穂3311-29　Tel.0995-78-8000

■シュガーホール（南城市文化センター）

〒901-1403　沖縄県南城市佐敷字佐敷307　Tel. 098-947-1100

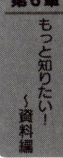

第6章
もっと知りたい！
〜資料編

100 レッスンを受けたいのですが、教室や先生はどのように探せばよいですか？

「ヤマハ大人の音楽レッスン」など、インターネット検索が便利です。

　指導者からレッスンを受けることで、正しい演奏法を覚え、レパートリーも増え、さらにリコーダーの深さを知ることができます。

　まずは「ヤマハ大人の音楽レッスン」のホームページをみてみましょう。

　ヤマハではリコーダー教室を各地で開催しています。たとえば、ミュージックアベニュー銀座ANNEX（Tel.03-3571-8100）、ミュージックアベニュー横浜（Tel.045-311-1200）、ミュージックアベニュー千葉（Tel.043-3247-6617）では、リコーダーアンサンブル、リコーダーオーケストラ、個人レッスン教室が開校されています。ぼくが執筆したテキストを使用しますが、グレゴリア聖歌から、ゴシック、ルネサンス、バロック、古典、ロマン、近代、現代と音楽史を演奏とともに楽しめるように構成しました。

　また、公共ホールやNHKカルチャーなどのカルチャースクールなどでもリコーダー教室が開かれています。

　コンサートを聴いて、「この先生にレッスンを受けたい…」と感じたら、楽屋に出向いて思いきって相談してみるのもよいと思います。

　リコーダーの講習会も各地で開かれています。大勢の中でリコーダーを勉強するのも楽しいものですし、仲間ができるきっかけにもなります。たとえば、毎年8月に山梨県都留市で開催される「都留音楽祭」では、アンサンブル相手を容易にみつけることができます。

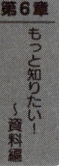
第6章
もっと知りたい！
〜資料編

おわりに

　画家パウル・クレーは、「絵は、実際に見える絵を通して、実際に見えないものを観るもの…」と記述し、金子みすゞは、「昼のお星はめにみえぬ　見えぬけれどもあるんだよ…」と詩い、ノヴァーリスは、「触れられないものは触れられるものの隣にある」と論じているように、音楽を演奏することは、「実際に聞こえる音を通して、実際には聴こえない音を奏でること」と思うのです。見えないものが観え、聞こえない音が聴こえたときに心が動くのですから。

　古代ギリシャでは、音楽を「天体の音楽」「人間の音楽」「道具の音楽」と３つに分け、実際に聴こえる音楽は道具を使った音楽だけを示していました。

　雅楽の指揮をしていた孔子も、実際に響く「音楽」より広い意味での「音楽」の概念を持っていたことが「論語」の一説（詩に興り、礼に立ちて、楽に成る）によって理解できます。

　人間の存在の根源に思いを馳せた先人たちの音楽観は、「音楽」は単に「音を楽しむ」のではなく、「生きることの何かを教えてくれる一つ」といえましょう。

　「音楽」という限りないものに触れることによって、私たちは「生きる力」を与えられているのかもしれませんね。

　皆様の心の中に新に何かが芽生えてくださることを願いつつ、感謝とともに…。

吉澤　実

アルトリコーダー標準運指表

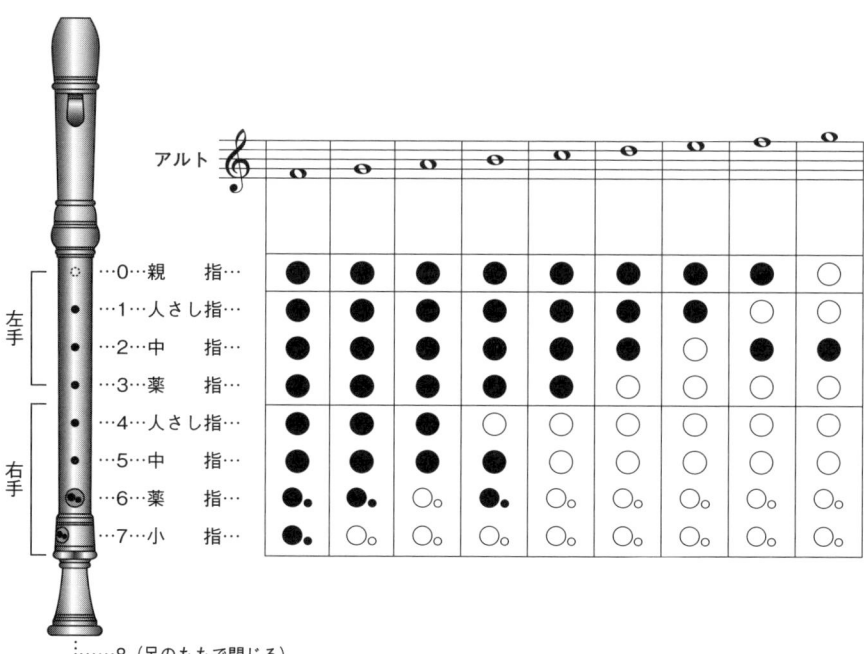

左手
- …0…親　　指…
- …1…人さし指…
- …2…中　　指…
- …3…薬　　指…

右手
- …4…人さし指…
- …5…中　　指…
- …6…薬　　指…
- …7…小　　指…

…8（足のももで閉じる）

●…閉じる　○…開ける　(●)…楽器によっては閉じる
◐…サミング（サム・ホールを少し開ける）　※…8孔を腿で閉じる

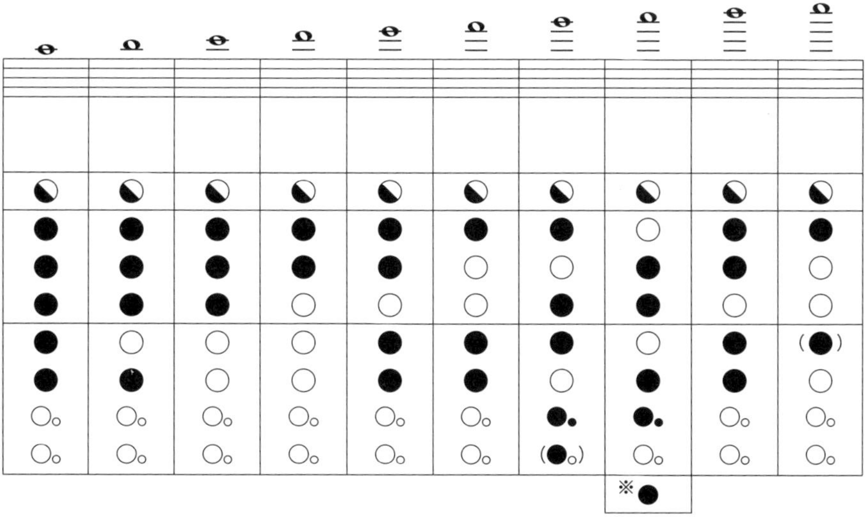

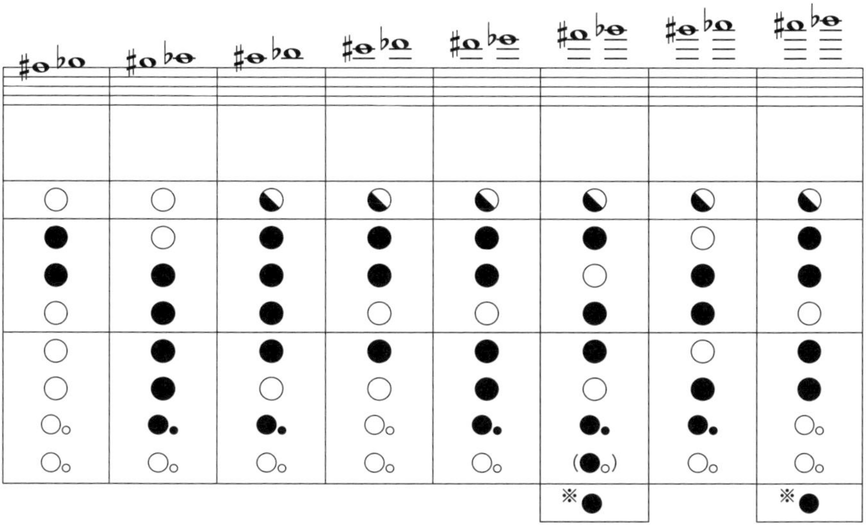

著者プロフィール

吉澤 実（よしざわ みのる）

photo Shuya Fukuda

武蔵野音楽大学を卒業後、ザルツブルク・オルフ研究所
を DAAD 奨学生として修了。モーツァルテウム音楽大学
リコーダー科をオーストリア政府奨学生としてソリスト・
ディプロマを得て卒業。フルートをヘルムート・ツァンガ
レ、ルネ・ル・ロワ、リコーダーをフェリチタス・ケール
ドルファー、古楽演奏法・音楽学をニコラウス・アーノン
クールの各氏に師事。モーツァルテウム管弦楽団、オース
トリア現代音楽アンサンブルのフルート奏者を務め、ザル
ツブルク現代音楽祭 ASPEKT やヘルベルト・フォン・カ
ラヤン、ルドルフ・ヌレエフの公演に参加する。帰国後 11
年間、NHK 教育テレビ「ふえはうたう」、「趣味悠々」の講
師を務める。CD、DVD、映画、多くの TV.CM 等の録音、
国内外の演奏や海外 NGO で活動。また、リコーダーアン
サンブル "La Strada" を主宰し現代作品初演を行っている。
音楽教科書など著書は 50 冊を超える。静岡県芸術文化奨
励賞受賞。
ウィーン音楽大学、モーツァルテウム音楽大学、
東京藝術大学客員講師。横浜国立大学講師。
URL http://www1.ocn.ne.jp/~mino/

絶対！うまくなる　リコーダー 100のコツ

2012年5月10日　初版発行
2012年9月1日　第3版発行

著　　　者 —— 吉澤 実

発 行 者 —— 谷口恵治
発 行 所 —— 株式会社ヤマハミュージックメディア

〒171-0033 東京都豊島区高田3-19-10　昭栄高田馬場ビル
　　　　[電話] 03-6894-0250
　　　　[ホームページ] http://www/ymm.co.jp

協　　　力 —— 大友 浩
カバーデザイン —— SOUP DESIGN
イラスト —— 遠藤賢一
DTP製作 —— 株式会社アルスノヴァ
編　　集 —— 白木沙恵

印刷・製本 —— シナノ印刷株式会社